SOUVENIRS DE VOYAGE

EN

ITALIE

PAR

Pierre BEELI

BORDEAUX

—

1893

SOUVENIRS DE VOYAGE

EN

ITALIE

PAR

Pierre BEELI

BORDEAUX

—

1893

DÉDICACE

Je dédie ce livre à ma Mère, à mes vaillants compagnons de route, mes amis Joseph et Héloïse Leemans-Quillet.

Ceci n'est pas une œuvre de librairie, non plus qu'une œuvre littéraire.

J'ai désiré fixer simplement les incidents de notre voyage, les impressions que j'ai ressenties et celles que nous avons échangées.

J'ai essayé de donner un corps au rêve réalisé, au désir dès longtemps caressé de parcourir l'Italie, ce pays enchanteur dont aucun visiteur n'a pu dire :

Lasciate ogni speranza voi qu'entrate !

Pierre BEELI.

PRÉFACE

Mon cher Ami,

*Vous avez accompli le rêve que nous caressons, dès
la seizième année : vous avez fait le « Voyage en Italie », comme tout pieux musulman fait le pélerinage de
La Mecque.*

*Et vous avez écrit vos impressions, et je les ai lues, y
prenant un plaisir extrême, autant que si Peau d'Ane
m'eut été contée, car l'Italie, c'est une suite de contes :
les Mille et un Jours.*

*Comment ne serait-on pas attiré vers cette terre
merveilleuse? Comment ne placerait-on pas, dans ce
ciel d'azur, la lune de miel? Tout le monde nous parle
de l'Italie, tout le monde la chante : les poètes, les musiciens, les artistes, les dramaturges, les « explorateurs »,
sans compter les graves présidents qui consacrent leur
rhétorique à l'Italie Galante et familière.*

Victor Hugo, Alfred de Musset, Théophile Gautier partagent leur enthousiasme entre la péninsule des Alhambras et la péninsule des Colisées ; Georges Sand se passionne ; lord Byron qui meurt pour la Grèce, adore l'Italie ; Lamartine, sur les ruines romaines, cherche

Des hommes, et non pas de la poussière humaine.

Et il fait naître Graziella sur la plage de Sorrente. Auguste Barbier s'écrie :

Venise, dans ton sein aujourd'hui que peut être
L'Amour ?

Hier, Paul Bourget écrivait Cosmopolis; *hier, le pauvre Guy de Maupassant côtoyait avec son yacht ces rivages divins.*

Ce ne sont pas seulement les écrivains du XIXe siècle qui se sont ingéniés à stimuler notre curiosité; le XVIIIe siècle n'est pas moins fervent.

Après avoir lu votre journal, mon cher ami, j'ai consulté celui de deux gentilshommes Suédois ; leur ouvrage obtint un vif succès au siècle dernier ; cependant il n'a pas l'intérêt du vôtre.

Figurez-vous qu'ils ont visité Naples, et ils ne soufflent mot du Vésuve ! Ce qui n'est pas prince ou diplomate ne les préoccupe pas.

Le président de Brosses, lui, a vu le Vésuve « au sommet duquel, écrit-il, je me suis fait guinder avec une fatigue que je ne recommencerais pas pour mille sequins ».

Il dénomme la Solfatare « petit Vésuve de poche ».

Ce franc Bourguignon est par instant sévère : « Les Italiens font une grande dépense en superlatifs. Cela ne leur coûte guère ; mais cela coûte beaucoup aux étrangers qui font de grands frais en peine et en argent, pour voir quelquefois des choses fort vantées et peu dignes de l'être. »

Il est d'accord avec vous pour dire que « les glaces sont un vivre admirable » en Italie ; il s'est réjoui de voir des « charretiers en sarrau de toile, prenant des glaces dans un café ».

A Gênes, il note le trait de mœurs suivant : « La première fois que j'allai à la Comédie, j'y vis, à ma grande surprise, un jeune homme et une jeune femme fort jolie entrer ensemble dans une loge ; ils y écoutèrent un acte ou deux en caquetant avec assez de vivacité ; après quoi ils se dérobèrent à la vue du spectacle et des spectateurs, en tirant sur eux des rideaux de taffetas vert qui fermaient le devant de la loge. Ce n'est pas qu'ils voulussent prendre ici leur champ de bataille pour rien de secret, qu'ils ne faisaient peut-être pas même chez eux; aussi personne que moi ne fut choqué de cette aventure. »

Au sujet de l'étiquette à la cour de Naples, votre devancier se montre irrévérencieux :

« On se met à genoux pour présenter à boire au roi et à la reine, et l'on ne se relève point qu'ils n'aient rendu le verre. »

A ce propos, le président de Brosses fut « un peu indisposé contre la reine qui, au grand scandale des genoux de la comtesse de Charny, s'amusa pendant une demi-heure à faire la soupe au vin de Canarie dans son verre. »

Il trace ce portrait de la reine : « Elle a l'air malicieux, la digne princesse, avec son nez en gobille, sa physionomie d'écrevisse et sa voix de pie-grièche. »

Cet historien d'Herculanum a compté vingt-cinq mille mendiants à Naples; il a vu « un homme, ministre et prêtre, dans un spectacle public, en présence de quatre mille personnes, badiner d'une fenêtre à l'autre, avec la plus fameuse catin d'une ville, et se faire donner des coups d'éventail sur le nez ».

A Bologne, il a contemplé « des montagnes d'oignons blancs, ni plus ni moins hautes que les Pyrénées ».

Pour lui, la seule liste des peintures publiques à Venise fait un gros in-octavo, « sans compter que les particuliers en ont de quoi combler l'Océan ».

Vous avez regardé avec d'aussi bons yeux ; certes, vous n'avez pas la prétention de découvrir le Vatican, de « lancer » la réputation de Raphaël : tant et tant d'érudits, de critiques ont analysé ces chefs-d'œuvres, évalué ces trésors, décrit ces cathédrales, que cela eût été superflu.

Vous êtes un modeste « touriste » qui a désiré fixer ses souvenirs.

Pourtant, vous avez vu ce que d'autres n'avaient pas vu : ainsi, votre relation est une nouveauté ; ainsi, vous vous rangez au nombre de ceux qui nous engagent à faire le « Voyage en Italie. »

Le vôtre est un excellent guide impressionniste ; vous intéressez, je le répète, par des détails que les observateurs qualifiés ont eu le tort de négliger ; vous avez souci de l'Italie contemporaine, aussi bien que de l'Italie de la Renaissance ; vous ne dédaignez pas la légende de Romulus.

Dire : « j'étais là, telle chose m'advint » est une façon

que je prise. Je vous l'affirme, je ne vous quitte pas
d'une semelle, quand vous pénétrez dans ce cimetière où
se déchiffrent sur les tombeaux de si bizarres épitaphes ;
je vous suis, empressé, quand vous traversez un village
où l'on confectionne le macaroni.

Je ne prophétise pas, au sujet de cette Italie où vous
nous conduisez ; toutefois, celle qui est, ne joue guère
que le rôle d'un conservateur de musée, ou d'un hôte-
lier, aux prix exorbitants.

C'est un magnifique décor, un peu défraîchi, auquel,
à mon sens, il manque les acteurs, les personnages ;
j'entends les personnages qui ont conçu ces œuvres
« impérissables », édifié ces monuments « superbes ».

Ce qui enfièvre notre « folle du logis », ce n'est pas
l'Italie de la Triple Alliance, avec Crispi ; ce ne sont pas
les provinciaux de la Romagne, qui vont à Rome comme
nous allons à Paris; ce ne sont pas les boulevardiers du
Corso habillés à un Louvre ou à une Belle-Jardinière
quelconques.

Sans sortir de chez nous, nous rencontrons des gens,
coiffés d'un melon ou d'un gibus, affublés d'un veston ou
d'une redingote.

Ce qui nous séduit, ce n'est pas ce bourgeoisisme, ce
prosaïsme, ce n'est pas le présent ; c'est le passé, avec

les papes-mécènes, les tyrans, les podestats, les conseils des dix, les marbres, les fresques, les mosaïques ; avec « Roméo et Juliette », « Othello », Laure, Béatrix et les vestiges de l'antiquité : toute une chair resplendissante que notre cerveau, nourri des classiques, reconstitue sous les bandelettes de la momification.

Les sites pittoresques de l'Auvergne, de la Suisse, de l'Ecosse, ne le cèdent pas aux panoramas italiens ; c'est pourquoi le Voyage que nous envions de faire avec vous est surtout une évocation.

Au lieu d'être le touriste fin dix-neuvième siècle que vous êtes, si vous aviez été un voyageur du seizième siècle, quelle différence dans les sensations, mon cher ami !

Ce voyageur, parti de Bordeaux ou de Bruxelles, bien qu'il n'eût pas franchi les distances, commodément assis dans un wagon de première classe, de quel spectacle n'eût-il pas joui, en débarquant à Venise, par exemple ?

Il n'eût pas médité devant un portrait du Doge ; il eût salué le Doge lui-même. Il se fût masqué, au fameux Carnaval qui n'est plus connu que par des variations mélodiques.

Ce voyageur aurait prolongé son séjour à Venise

pour assister au mariage du doge Laurent Priuli avec la belle Zelia Dandolo; il fût allé au Lido, comme vous avez fait, mais vous n'avez pas vu l'épouse, vêtue à la « ducale », les épaules couvertes d'un voile blanc de Candie.

Des milliers de gondoles, armées pour les régates, sillonnaient les lagunes aux sons aigus des fifres ; dans l'île, des bouchers, agiles et vigoureux, faisaient la chasse aux taureaux ; un chœur de satyres et de bacchantes excitait l'hilarité par la danse et les « trépignements »; on applaudissait aux jeux des funambules, aux joutes des moresques.

Ici, où s'élève une humble auberge, se dressait un théâtre; on représentait l'Asinaria de Plaute.

Dans les hôtelleries où vous êtes descendu, mon cher ami, vous avez manifesté quelque surprise au sujet de la cuisine qui ne vaut pas la nôtre.

Mais combien vous eussiez été « troublé » si vous aviez été le voyageur du XV⁰ ou du XVI⁰ siècle que je suppose !

Lucullus a-t-il jamais composé un menu pareil à celui que vous aurait offert un Visconti ?

Sous peine d'anachronisme flagrant, je suis obligé de prêter une longue vie et des jarrets d'acier à mon voyageur pour qu'il ait pu contempler au Lido la belle Zilia Dandolo, et accepter à Milan l'invitation de ce Visconti.

Que pensez-vous, sur la carte, de poulets avec sauce violette, d'ours dorés, au jus de citron ; de poissons à sauce rouge ; de léopards, de truites avec sauce noire ?

Je fais grâce à la simplicité de vos principes culinaires des autours, des éperviers ornés de sonnettes d'argent, ou des faucons ornés de perles.

De tels banquets se terminaient par des cerfs au jus de limon sucré, des plats de choux et de haricots, le tout arrosé de vins grecs parfumés.

Nos élégantes portent, en guise de chapeaux, de véritables corbeilles de fleurs, ou des essaims d'oiseaux ; quelle exclamation n'eussiez-vous pas poussée à l'aspect de la comtesse Jeanne Orsini, ayant la tête ornée d'une guirlande d'asperges !

A Gênes, dans un bal, si vous aviez remarqué une jolie danseuse avec des souliers de soie garnis de perles et d'émeraudes, vous auriez demandé : « Quelle est cette princesse ? » on vous aurait répondu : « c'est une boulangère. »

Cette boulangère luxueuse est une ancêtre de la vôtre

Vous auriez marché d'enchantement en enchantement; le tableau était digne du cadre, mais tout n'y était pas lumière, il y avait des taches; les chemins offraient plus d'ornières que de sécurité; d'autre part vous ne vous seriez pas tiré de la petite mésaventure de Bologne, que vous narrez, en vous expliquant devant un commissaire de police.

Pour votre méfait, mon cher ami, on vous aurait battu de verges, puis on vous aurait pendu comme sacrilège.

Telles fêtes, où vous ne vous seriez pas diverti, vous qui n'êtes pas mélancolique, vous auraient frappé par leur caractère macabre. Jugez de cette procession : Un char de la Mort, traîné par des bœufs noirs, sur lequel s'étalaient des têtes de morts, des ossements, des croix blanches; le cocher, moins amusant que celui dont vous nous entretenez, allait devant, brandissant le squelette de la Mort, avec la faux et le sablier. Des camarades, de chaque côté du char, portaient des cercueils, et lorsque la procession faisait halte, des cadavres décharnés, (des hommes d'une maigreur diaphane, et de qui c'était le métier) se levaient de ces cercueils et psalmodiaient : « Nous avons été comme vous êtes; vous serez comme nous; nous sommes morts comme vous voyez; nous vous verrons morts comme nous. »

Tout ça c'était pour rire.

Je préfère les gaîtés des maçons qui faisaient le lundi.

Munis du marteau et de la truelle, ils construisaient sur une place publique, devant les badauds, un palais avec pour sable, du fromage et des épices; pour galets, des dragées; pour carreaux et tuiles des pains et des gâteaux. Ajoutez des colonnades de bouilli festonnées de tripes, des chapiteaux de chapons rôtis, des cymaises, des moulures de langues, l'architrave avec frise et corniche de ragoûts.

Vous vous plaignez d'avoir été importuné par les sollicitations des mendiants : c'est de tradition. Le voyageur que j'imagine aurait pu constater cette « plaie » italienne, ainsi que vous. On mendiait dans les carrefours, — avec le stylet ; on mendiait dans les antichambres des puissants, avec le placet ou le sonnet. Voulez-vous la façon d'un poète? André d'Anguillara de Sitri écrivait au cardinal Farnèse : « Il est nécessaire « que vous m'envoyiez quelques secours, comme il con- « vient à votre grandeur et à votre magnanimité ; à « mon amour et à mes besoins. »

Un autre rimeur, Politien, écrivait ceci à Laurent-le-Magnifique : « Les sots se moquent des haillons qui cou- « vrent mon corps et des sandales trouées que j'ai aux

« pieds ; ils me raillent en voyant que mon habit a perdu
« le lustre et le poil, et que la corde traitresse montre
« ses gros fils, derniers restes de la brebis tondue jus-
« qu'au vif ; ils rient, n'ont aucune estime pour moi et
« disent que mes vers ne vous plaisent plus. Envoyez
« moi donc un de vos meilleurs vêtements... »

Et quand le poëte endossait « ce meilleur vêtement »,
le populaire reconnaissant un costume de la garde-robe
du Prince, concluait que les vers de Politien avaient un
mérite exceptionnel.

Aujourd'hui les mendiants italiens ne sont pas aussi
exigeants ; votre fameux cocher ne vous a pas dépouillé
de vos chemises.

L'étude des mœurs vous eut retenu des mois entiers
dans certaines provinces. Les mœurs ! elles étaient parfois singulières, témoin ce fait relaté par Sanuto, dans
ses mémoires, à la date de 1497 : « Hier, don Alphonse
fit dans Ferrare une chose extrêmement légère, car il
alla tout nu par les rues, en compagnie de quelques jeunes gens, au beau milieu du jour. »

Ce don Alphonse fut le mari de Lucrèce Borgia ; il
n'était ni belge, ni français ; il était prince, on ne le fla-
gella ni on ne le pendit. Les deux poids et les deux
mesures sont une vérité éternelle.

Vous nous avez cité, mon cher ami — je l'ai déjà consigné — d'excentriques inscriptions funèbres ; c'est une mode ancienne ; permettez-moi de vous en citer une, à mon tour, que vous n'avez pas lue, mais que notre voyageur aurait pu transcrire du latin, s'il était docteur, et s'il avait visité Sainte-Marie-Majeure de Florence :

« Ici, repose Salvino d'Armato de Florence, inventeur des lunettes ; Dieu lui pardonne ses péchés. »

Vous avez souri, mon cher ami, du plumet aveuglant et démesuré d'un colonel chamarré du roi Humbert ; jugez de votre ébahissement si, dans les rues de Florence, on vous avait jeté sur la tête, du haut des fenêtres, des manteaux ourlés de fils d'or ; si vous aviez rencontré des cavaliers, au pourpoint de drap d'argent, piquant le flanc de leur monture, avec des éperons d'or, tenant des brides « tissues » de soie, ayant pour étriers des têtes de moutons incrustées de rubis, et pour selle des peaux de lions et de tigres, aux ongles d'or.

Voilà, mon cher ami, les personnages qui se mouvaient dans le décor que vous avez eu l'heur d'admirer.

A Rome, il n'eut pas été difficile à notre Voyageur d'interwiewer Michel-Ange ou la Fornarina.

Par une faveur providentielle, vous auriez entendu ce rude travailleur dire à un huissier du Souverain pon-

tife : « Quand le pape me demandera, vous lui répon-drez que je suis allé ailleurs. »

L'artiste rabrouait parfois son pape. Un jour qu'il peignait les fresques de la chapelle de Sixte IV, Jules II impatienté s'écria : « Quand auras-tu fini ?

— Quand je pourrai », répliqua Michel-Ange.

Vous souvenez-vous de cela, ô Voyageur de la Re-naissance ?

Vous rappelez-vous aussi que votre hôte, fringant seigneur, vous mena un soir, à Tivoli, chez Imperia, où fréquentaient des cardinaux ? Elle vous tendit une grappe de sa vigne de Frascati.

A Venise, vous aviez déjà eu l'honneur d'être admis chez la Tullia d'Aragona.

Imperia, n'est-il pas vrai, l'emportait en « bonnes manières ». Vous vous rappelez ce cabinet où elle vous reçut, au milieu des gens de lettres, de robe et d'épée ; c'était tout drap d'or, les tentures ! Sur un guéridon, couvert de velours vert, sommeillait une cithare ; vous jetâtes un coup d'œil sur un livre latin, richement relié, car Imperia était une savante.

Tout n'était pas plaisir, à Rome, à cette époque ; vous avez frémi au récit du supplice que le cardinal Hippolyte d'Este infligea à un jeune rival ; la maî-

tresse du cardinal, une dame de Ferrare, avait distingué ce jouvenceau. Hippolyte lui fit arracher les yeux

Vous étiez indigné et vous quittâtes Rome.

Lorsqu'on voyage de si plaisante façon, on a le devoir de donner des nouvelles à sa femme, à ses amis, à sa cousine; ainsi faisait Paul-Louis Courier.

Le 8 janvier 1799, il écrivait de Rome à un Toulousain : « Dites à ceux qui veulent voir Rome qu'ils se hâtent, car chaque jour le fer du soldat et la serre des agents français flétrissent ses beautés naturelles et la dépouillent de sa parure... Allez, nous vengeons bien l'univers vaincu. »

En mai 1805, Paul-Louis traverse Civignola, où Gonzalve de Cordoue livra une bataille aux Français : « Je passai sur le pont que Bayard défendit seul contre les Espagnols : il est long et si étroit que deux voitures ne peuvent y passer de front. »

Vous connaissez la lettre du fameux pamphlétaire où il dit à sa cousine : « Un jour, je voyageais en Calabre, c'est un pays de méchantes gens qui, je crois, n'aiment personne, et en veulent surtout aux Français. »

En compagnie d'un jeune homme, tous deux se perdent, à la tombée de la nuit, dans une épaisse forêt; ils aperçoivent une « *maison fort noire* », ils entrent. Paul Louis ajoute : « *Nos hôtes avaient bien mine de charbonniers.* »

Cet épisode qui commence comme une tragédie et qui finit comme un vaudeville, nous l'avons souvent récité, lorsque nous étions sur les bancs.

Donc, on écrit à sa cousine, à ses amis ou à sa femme; faites-vous, par conséquent, l'idée de ce que mon voyageur aurait pu confier au papier de Pergame, s'il avait eu le style de Mme de Sévigné :

« *Je m'en vais vous mander, ma cousine, les choses les plus étonnantes, les plus surprenantes, les plus triomphantes, les plus étourdissantes, les plus inouïes, etc., etc...*

« *Pour aller de Milan à Rome, j'ai employé vingt journées avec les muletiers; on chemine lentement, parce qu'il y a des bandes de cinq à six cents brigands qui battent l'estrade. Que ce pays ressemble peu au nôtre ! A Milan, ma cousine, une loi oblige les négociants à procurer du travail aux ouvriers, sous peine de trois secousses de corde et d'une amende de deux cents écus d'or. Dans cette ville, on m'a narré une terrible histoire. Autrefois, il y vivait un tyran, nommé Jean-Marie. Ce tyran avait une meute de chiens dressés à sauter à la*

gorge de ceux qu'il leur désignait. La nuit, il parcou-
rait les rues de la ville et excitait ses bêtes même contre
les personnes inoffensives. Le monstre nourrissait ses
mâtins de chair humaine. On le massacra dans une
église ; seule, une courtisane jeta des fleurs sur son
cadavre.

« A Florence, ma chère cousine, j'ai acheté pour vous
un chapeau de paille qui m'a été vendu quinze sous ; à
Bruxelles, vous le payeriez quinze livres. Oui, ce sont les
choses les plus singulières, les plus extraordinaires, les
plus, etc., que je vous raconte.

« Ici, les partis (Guelfes, Gibelins, Blancs, Noirs),
très acharnés, se distinguent par la manière de porter
le panache ou de couper le pain.

« Dans les plus belles hôtelleries, les matelas sont
très rares ; les hommes de la campagne dorment sur des
sacs remplis de feuilles d'arbres.

« A Rome, ma cousine, la béquille de Sa Sainteté
Sixte V tape dru sur l'échine des sujets pontificaux ; le
vicaire de Monseigneur Jésus-Christ punit rigou-
reusement les moindres facéties que l'on qualifie ici de
pasquinades.

« Ces jours-ci, un Pasquin ayant dit à Marforio
(autre bouffon) : « Ma chemise est sale depuis que ma

blanchisseuse est devenue princesse », *Notre Saint-Père fut en vive colère, car étant d'une basse origine, il lui parut que le brocart visait sa sœur. Celle-ci avait été une simple blanchisseuse, avant que son frère la fît venir à Rome et l'installât dans un palais.*

« Afin de connaître l'auteur de la désagréable allusion, Sa Sainteté lui fit promettre, à son de trompe, la vie sauve et une grosse somme d'argent. Le Psaquin se dévoila lui-même. Sixte V, fidèle à sa parole, lui compta la somme, puis il lui fit percer la langue et couper les mains.

« On ne rit plus que du bout des dents à Rome.

« Je termine mon épitre, ma cousine, en vous priant d'écouter cette histoire florentine qui touchera votre cœur.

« Par une nuit d'avril dernier, un barigel, ou chef de police, surprit un jeune seigneur, nommé Hippolyte des Buondelmonti, au moment où celui-ci, au moyen d'une échelle de corde, s'introduisait dans la demeure de la famille des Bardi qui vivait en inimitié avec la sienne.

« — Mon intention était de voler, avoue le seigneur Hippolyte.

« Il volait, poussé par la haine, non par le besoin. On l'arrête, on le juge, on le condamne à mort. Comme grâce, le seigneur Hippolyte demanda qu'on le fît

passer, lorsqu'on le conduirait au supplice, devant le palais des Bardi.

« Il voulait, disait-il, se réconcilier avec cette famille. A l'instant que le cortège passait devant ce palais, une jeune fille, échevelée, s'en échappe : c'était Dianora des Bardi ; elle s'écrie : « Il n'est pas un voleur ! Il m'aimait et je l'aimais ! nos familles étaient ennemies ; nous nous sommes mariés secrètement ; sa faute unique c'est d'être venu me trouver.

« Hippolyte, pour ne pas compromettre l'honneur de la jeune fille, niait ; elle affirmait.

« On suspend le supplice ; on renvoie la cause devant le podestat ; Dianora, cette fleur de beauté et de vertu, plaide elle-même et convainc les juges et le peuple.

« Le peuple et les juges, ma cousine, prononcèrent comme eût fait une cour d'amour : la réconciliation des deux maisons et le mariage des deux amants furent publics.

« N'est-elle point jolie, cette histoire florentine, ma cousine, et ne vous a-t-elle pas touché le cœur ? »

— Voilà, mon cher ami, la lettre que vous avez adressée jadis — combien jadis ! — à votre cousine

Mais, j'oublie, que ce voyageur né d'une fiction, ce n'est pas vous. Franchement, je n'en suis pas fâché.

Ainsi que le dit un vieux proverbe : on ne peut pas être et avoir été.

Vous n'auriez pas probablement songé à faire imprimer votre « Voyage en Italie » ; ce n'était pas encore la coutume ; les imprimeurs étaient rares, l'impression coûtait cher, la censure était terrible.

Vous avez eu la sagesse de choisir l'heure présente qui est la mienne. Vous n'avez pas entrevu le pape-guerrier, mais vous avez reproduit, d'après vos aimables compagnons de route, le cérémonial d'une audience de Léon XIII.

Cela vaut-il pas mieux pour nous tous, Léon XIII, vos chers amis, vous et moi; moi qui ai eu le plaisir de lire, par privilège, votre agréable odyssée manuscrite, et qui vous remercie sincèrement pour ce plaisir.

A. JUDLIN.

Bordeaux, 24 juillet 1893.

SOUVENIRS D'ITALIE

J'ai quitté Bordeaux le 31 octobre 1892 par le rapide du soir, bien dispos physiquement et l'esprit parfaitement préparé à recevoir toutes les impressions qui l'attendent.

Ma mère est venue m'accompagner à la gare ; c'est sur une affectueuse embrassade, un — au revoir! : à bientôt! — que je me suis senti emporté vers ma première destination : Lyon.

Un peu avant d'arriver à Cette, le mauvais temps nous surprend ; on entend les gémissements du vent qui fait rage, des rafales de pluie fouettent le compartiment dans tous les sens.

Le train file à toute vapeur et l'ouragan continue jusqu'à Cette.

Là, notre train stoppe et repart avec vingt-cinq minutes de retard. J'apprends que je devais changer de train, voulant joindre à Avignon le rapide de Marseille qui, selon mes calculs, devait me déposer à Lyon vers neuf heures du matin.

Il est trop tard pour remédier à l'état de choses ; un voyageur de mon compartiment, habitué à la ligne, se trouve dans le même cas que moi, quoiqu'il eût eu, lui, un renseignement, alors qu'il était encore temps de prendre l'autre train.

Nous sommes donc forcés d'aller à Arles attendre le second rapide de Marseille. Dans la salle d'attente de la ville des arènes et du saucisson, nous trouvons un troisième voyageur fourvoyé comme nous, malgré les informations qu'il avait également prises.

Nous nous consolons, faute de pouvoir faire mieux, en concluant que notre mésaventure n'est pas seulement le fait de notre ignorance, mais qu'elle est surtout due à l'indifférence des employés qui nous avaient insuffisamment renseignés.

Je fis la connaissance d'un de ces voyageurs ; notre mauvaise fortune servit de trait d'union sympathique ; il me quitta à Valence, car il se rendait à Grenoble, et il contribua à me faire trouver le temps moins long et le contre-temps moins ennuyeux.

A Valence, seulement, la tempête cesse ; à partir de ce moment le ciel, quoique couvert et toujours menaçant, ferme ses écluses, et j'arrive à Lyon où il ne me semble pas qu'il ait plu.

Depuis Arles nous avions longé la vallée du Rhône qui est fort belle ; le fleuve coule silencieusement et fertilise toute cette contrée où oliviers et mûriers offrent aux regards des voyageurs leur bouquet de feuillage serré.

A l'automne, la nature présente peut-être un aspect plus intéressant encore qu'au printemps.

Il est certainement plus singulier.

Dans l'espace que le regard peut embrasser, on distingue une multitude de tons parmi lesquels le jaune d'or, le mordoré, le fauve et le vert sombre dominent.

Quelques mûriers arborent, comme en mai, au bout de leurs rameaux ténus et flexibles, des bouquets de feuilles vert-tendre : c'est un second renouveau que la première gelée flétrira.

Enfin, me voici à Lyon ; je m'informe sérieusement, cette fois, et j'apprends que je suis contraint d'y rester six heures.

J'en prends mon parti, en maugréant un peu ; je passe un télégramme à mes futurs compagnons de route, car j'ai rendez-vous à Milan avec deux de mes meilleurs amis, leur annonçant mon arrivée pour le lendemain matin 11 h. 30.

Lyon n'est pas gai, ce dimanche 1er novembre. Le repos dominical — importation anglaise — y est observé dans toute sa rigueur; les étalages sont plongés dans l'obscurité; on dirait d'une ville morte.

Me rappelant la cité des canuts que j'avais déjà visitée en 1871, je me dirige vers le cœur de la ville.

Les lanternes des réverbères sont en cuivre rouge flambant neuf, brillantes comme les casseroles de chez Chevet; sans comparaison, car ces lanternes sont fort artistiques et toutes surmontées d'une couronne murale.

Comme je regarde tout, et tout le monde, quelques lyonnaises en paraissent flattées ou outrées, je ne sais au juste.

En passant place Bellecour, j'assiste à un concert donné par le 99me de ligne. On joue un morceau composé de motifs de *Miss Hélyett*.

Sur la même place se trouve une statue équestre de Louis XIV, sur le socle de laquelle les lyonnais aussi peu modestes qu'ils sont chauvins ont fait graver : chef-d'œuvre de Lemot, sculpteur lyonnais.

Place des Terreaux, j'admire la superbe fontaine monumentale de Bartholdi, qui a figuré à l'Exposition de 1889.

Le groupe principal représente quatre chevaux marins tenus en laisse par une déité aquatique ; l'eau jaillit de leur bouche énorme ; de leurs naseaux sort de la vapeur d'eau qui donne l'absolue illusion de buée produite par l'expiration, lorsque l'air est froid.

Rue de la République, une des artères principales de la ville, les trottoirs sont encombrés de promeneurs ; la bourgeoisie prend l'air.

Devant un bureau de tabac, je vois un rassemblement ; je m'approche ; j'aperçois d'abord à l'intérieur de la vitrine une vieille femme assise, tenant un bas qu'elle voudrait tricoter ; tout près d'elle, un canut devant son métier Jacquard.

Extérieurement, contre la vitrine, une façade de maisonnette minuscule ; à droite et à gauche, deux espaces horizontaux laissant passage à une pièce de dix centimes : vous avez déjà compris.

Les deux sous glissés à droite, dans l'ouverture, mettent des courants électriques en contact ; une petite lampe s'allume ; à ce moment la tricoteuse tricote en remuant les yeux et la tête ; à gauche pour la même somme vous vous offrez le spectacle du tisseur tissant. Ne croyez pas que la chaussette, pas plus que la pièce de toile, se présentent après, à l'orifice ; l'œil seul profite conjointement avec l'inventeur.

La foule circule toujours compacte ; l'heure du dîner approche : j'entre *au Rosbif*.

MILAN

MILAN

A 8 heures et quelques minutes du soir, je reprends le train pour Milan.

A 3 heures 10 du matin j'arrive à Modane, douane italienne ; l'heure change, nous gagnons trois quarts d'heure, nous dirigeant vers l'Orient.

Tout est phéniqué par ici, les mesures prophylactiques se font « sentir », c'est le cas de le dire ; les douaniers ne sont pas trop tracassiers, cette fois.

Nous repartons.

C'est ma seconde nuit en wagon ; je m'assoupis et ne me réveille qu'au jour ; je ne me suis pas aperçu que nous avions franchi le tunnel de 12 kilomètres du Mont Cenis, percé dans les Alpes Cottiennes et reliant Modane à Bardonnèche, la France à l'Italie.

Les Alpes sont couvertes de neige fraîchement tombée ; la transition est curieuse entre leur sommet d'un blanc immaculé et leurs flancs aux diverses teintes automnales.

Le mot « cesso » revenant à toutes les gares m'intrigue, je le cherche dans mon dictionnaire ; je vois en traduction, garde-robe, latrines ; je suis fixé.

A 8 heures moins 10, j'arrive à Turin et j'en repars à 8 heures et demie, le temps d'ingurgiter un peu de café au lait. Il pleut et le brouillard enveloppe la ville ; le bleu du ciel d'Italie m'est encore inconnu. Un employé de la gare auquel, dans un pourboire, j'ai donné une pièce de la République Argentine me la refuse ; je la lui change ; malgré cela, il part en marmottant. La gare est fort belle, des pigeons voltigent partout.

Tous les employés parlent français ; des gendarmes se promènent sur le quai ; à leur vue, des souvenirs des pièces d'Offenbach me sont revenus : chapeau bicorne à la Napoléon, tunique en bec de flûte : très pschutts, les gendarmes !

Nous traversons le Piémont et une partie de la Lombardie.

Nous passons à Magenta.

Un compagnon de voyage, charmant homme, que je n'ai pas l'honneur de connaître, me signale le monument élevé à la mémoire des soldats morts sur le fameux champ de bataille, ainsi que l'église où se trouvait le maréchal de Mac-Mahon. C'est au cours de cette campagne que Victor-Emmanuel fut nommé caporal par les braves du 3e zouaves. Cet inconnu avec lequel je suis entré en conversation proteste contre les sentiments hostiles que l'on prête au peuple italien à l'égard de la France. Que ne pensent-ils tous comme lui et sincèrement alors? Mais la triplice n'est pas faite pour permettre de croire à la véracité de ces affirmations isolées.

Mercredi 2 Novembre. — A midi, je débarque à l'hôtel de France, cours Victor-Emmanuel, 19, où j'ai la joie de retrouver mes amis, arrivés dans la matinée.

Ils sont un peu fatigués, ainsi que moi. Nous voilà donc réunis au point d'intersection, devenu aussi le point de départ de nos pérégrinations projetées au pays du soleil dont nous n'avons pas encore aperçu le plus pâle rayon.

Une fois installés, nous sortons.

Nous nous dirigeons du côté de la place du Dôme.

La galerie Victor-Emmanuel, une des plus remarquables que nous ayons vues, s'offre à nos regards

nous y entrons et quelques instants après, nous sommes attablés au café-restaurant *Biffi* situé au rond-
point ; nous prenons du vin de Guignolino et de Capri ;
ce dernier fleure l'iris ; d'ailleurs tous les vins italiens,
(nous en ferons l'expérience), sont fortement parfumés.

Nous allons donc goûter à la cuisine italienne. En
général nous aurons à constater dans notre voyage
que beaucoup de plats se préparent à la française ;
ceux qui relèvent de la nationalité italienne, tels que
les pâtes, sous leurs diverses espèces, ne nous ont pas
séduits : les macaronis présentés sous la forme habi-
tuelle ou sous celle de gros vermicelle sont mal préparés, ou plutôt ne le sont pas suffisamment ; ces pâtes
sont mal cuites la plupart du temps.

Les Italiens ont bien des choses à apprendre à cet
égard, mais alors leur cuisine nationale perdrait sans
doute de son caractère propre ; or, c'est probablement
ce qu'ils tiennent à conserver.

La vraie cuisine, la cuisine française n'est pas près
d'être détrônée.

A ce premier repas, on nous a servi du veau
apprêté avec des truffes blanches du Piémont qui res
tent à cent lieues, comme saveur, de celles du Péri-
gord.

Nous voici au dôme, la cathédrale de Milan, appelée la Huitième merveille.

Cet énorme édifice couvre une superficie de 11.700 mètres carrés et peut contenir 40.000 personnes. Il a 148 m. de long, 88 m. de large au transept et 61,50 à la façade. La nef centrale mesure 17 m. de large et 48 m. de haut ; la coupole s'élève à 68 m. et la tour qui la surmonte à 108 m. du sol. Le toit, *tout en marbre*, comme d'ailleurs l'édifice entier, est garni de 98 tourelles gothiques, et l'extérieur de l'église, d'environ 2000 statues de marbre ; des princesses ont été représentées en Muses par Canova ; Ferdinand IV sous les traits de Minerve et Napoléon Ier en Hercule. On compte en tout près de 6000 statues. La cathédrale fut commencée en 1386 et achevée seulement en 1805.

Nous avons gravi les 486 marches qui mènent au point le plus élevé d'où l'on a un magnifique panorama de la ville et une vue prolongée sur les Alpes ; l'extérieur de la Cathédrale, tout en Carrare poli, dont certaines parties ressemblent à de la dentelle, est le travail le plus artistique qui se puisse imaginer. On a pu dire judicieusement que si l'intérieur était chrétien, l'extérieur par le raffinement du détail était plutôt païen.

J'insistai pour l'ascension, à cause d'un Adam et

d'une Eve — avant qu'ils eussent été chassés du Paradis, — qui se trouvent parmi les statues ; ce sont deux
marbres superbes, mais je puis bien le dire à présent,
que si j'insistai tant pour l'ascension, ce fut pour
« les formes ».

Le tombeau de St Charles Borromée est édifié dans
la crypte, à l'intersection des branches de la croix que
forme le Dôme.

La « fierte » en cristal de roche qui renferme les
restes du saint, est placée elle-même dans une seconde
châsse ; sur sa poitrine est une croix montée en émeraudes d'une valeur de plus d'un demi-million ; l'héroïs-
me de Charles Borromée pendant la peste qui ravagea
Milan en 1576 lui valut la barette cardinalice et plus
tard, la canonisation suprême.

Les Milanais se sont placés sous le double vocable
de saint Ambroise, leur premier patron, et de saint
Borromée.

Comme nous sommes au 2 Novembre, jour des
morts, nous pensons que le cimetière doit présenter un
aspect inaccoutumé.

Ce cimetière porte le nom de *Monumental* et il le
mérite. Non contents d'agglomérer leurs richesses
artistiques dans leurs églises, leurs musées ou leurs

palais, les italiens ont consacré à cette destination leurs principaux cimetières (campo-santo).

Nous aurons l'occasion d'y revenir.

Celui de Milan a 20 hectares de superficie et est entouré de colonnades, d'après C. Macciachini. La foule s'y presse, les souvenirs pieux s'amoncellent sur les tombes qui sont fraîchement parées.

C'est une des plus belles nécropoles d'Italie, c'est la seule où nous ayons vu un four crématoire, qui fonctionne depuis 1876.

On y fait une vingtaine de crémations par mois, dont chacune dure près d'une heure et coûte 50 francs. Elles sont gratuites pour les pauvres.

Après notre dîner, promenade de digestion ; et puis... nous allons prendre un repos bien mérité par les deux ou trois nuits précédentes, mal employées à la réparation de nos forces.

.˙.

Jeudi 3 novembre. — Nous commençons par profiter du change de 3 1/2 o/o en nous débarrassant de nos billets de banque, pour du papier italien de 5, 10, 25. 50 et 100 francs.

Visite au musée *Brera* : 12 salles, 2 vestibules, renfermant une précieuse galerie de peinture.

Pour débuter dans notre visite aux musées nous faisons connaissance avec *Paul Véronèse*, le *Tintoret*, *Léonard de Vinci*, *Bellini*, *P. Bordone*, le *Dominiquin* et le *Guerchin*.

A côté de ces maîtres italiens, nous remarquons des *Rubens*, des *Van Dyck*, des *Jordaens*, des *Rembrandt* et des *Salvator Rosa* ; l'œuvre capitale du musée Brera est le mariage de la Vierge, tableau que Raphaël peignit à l'âge de 21 ans.

En revenant du musée Brera, nous allons à la Scala, cette salle de spectacle dont il est si souvent question dans les annales théâtrales.

La Scala fut bâtie en 1778, par Joseph Piermarini, sur l'emplacement de l'église de *Santa-Maria della Scala*, et agrandie en 1814 par l'architecte Canomia.

La salle présente à l'œil la forme extrêmement gracieuse d'un fer à cheval et contient cinq rangs de loges superposées, plus un *loggione* (paradis).

Au point de vue de l'acoustique, elle est excellente et répand merveilleusement les ondes sonores. Le guide qui nous accompagne nous en donne, du reste, la preuve en sifflant et en parlant.

Le parterre a une circonférence de 24 mètres en

longueur et de 22 en largeur; il contient environ 1.500 spectateurs, dont 900 assis et 600 debout.

La salle entière peut contenir 3.800 spectateurs. Le nombre des représentations est fixé à 60 par an; elles commencent à Noël.

La scène est plus grande que la salle; tous les ans, les pièces montées sont nouvelles et coûtent chacune plusieurs centaines de mille francs.

Les maîtres italiens conduisent parfois l'orchestre. Citerons-nous Verdi?

On y monte notamment des ballets monstres. *Excelsior* et *Sieba* ont été créés sur la scène de la Scala.

Les loges des trois ou quatre premières galeries appartiennent toutes à des particuliers, qui payent à la ville une redevance de 8 à 900 francs par an; les propriétaires de ces loges en usent ensuite à leur gré le jour des représentations, soit qu'ils les louent à leur tour, soit qu'ils les occupent eux-mêmes.

En face de chacune de ces loges (côté couloir) est un petit salon en dépendant, où, entre les entr'actes, les heureux possesseurs de ces loges et leurs invités reçoivent, causent, jouent et soupent.

La subvention annuelle de la Scala est de 175.000 francs.

A notre déjeûner, au Cambrinus Hall, toujours dans la Galerie Victor-Emmanuel, on nous sert du bœuf marinade à la polenta ; ce dernier mets tenant lieu de garniture au bœuf, est confectionné avec de la farine de maïs : cela ne fait pas nos délices.

A 12 h. 15, nous prenons le train à destination de la Chartreuse de Pavie ; le temps est toujours très gris.

La façade de cette église, un véritable joyau artistique tout en marbre, est peut-être la mieux conçue du xve siècle et son œuvre d'ornementation la plus riche du Nord de l'Italie ; ce monastère est regardé comme le plus somptueux du monde.

La description de l'amoncellement des « merveilles » qui y sont réunies demanderait un volume.

De chaque côté des nefs latérales se trouvent sept chapelles fermées par des grilles dont chacune est une œuvre colossale ; elles sont décorées de mosaïques où les pierres précieuses sont employées à profusion, et de bas-reliefs exécutés dans l'espace de trois siècles par des artistes appartenant à une même famille (*les Sacchi*).

Les chapelles de chaque côté, communiquent entre elles et l'on vous donne dans chacune, pour vous diriger, de petites pancartes où tout ce qui s'y trouve est détaillé.

C'est de la Chartreuse de Pavie que François Ier écrivit à sa mère : « Madame, tout est perdu, fors l'honneur. »

Dans la cour de la Chartreuse, nous apercevons un petit coin de ciel bleu, oh! pas grand! néanmoins, nous le remarquons avec plaisir et nous nous permettons de croire que c'est de bon augure.

Nous rentrons de cette excursion profondément troublés; nous avons été éblouis, et notre amie nous fait remarquer avec beaucoup de raison que, si l'intérieur de la Chartreuse avait pour revêtement l'extérieur du Dôme de Milan, ce serait magique.

Il paraît que notre enthousiasme aura d'autres occasions de se manifester et que nous ferons bien de ne pas tout l'émousser dans nos premières impressions, si légitimes qu'elles soient!

.*.

Vendredi 4 Novembre. — Dès le matin, nous prenons une voiture afin de visiter la ville et ce qu'il nous sera encore possible de voir, car, à midi cinquante, nous partirons pour Venise.

Nous allons jusqu'aux jardins publics où les équipages du monde élégant se donnent rendez-vous au coucher du soleil; ce jardin est éclairé à la lumière électrique ; nous passons devant le monument de Cavour, l'initiateur de l'unité italienne.

Nous entrons au musée Poldi-Pezzoli, installé dans l'hôtel de l'ancien propriétaire qui l'a légué à la ville en 1879; la salle d'Armes et la chambre à coucher, indépendamment des peintures et des riches objets qui composent les différentes collections, méritent une attention spéciale.

Nous visitons l'église *S. Maria delle Grazie,* décorée de terres cuites, puis, à côté, dans l'ancien couvent de *S. Marie des Grâces,* la célèbre *Cène de Léonard de Vinci,* que le temps a bien détériorée ; ensuite *S. Ambrogio,* fondée sur les ruines d'un temple de Bacchus ; c'est dans cette église que les rois Lombards et les empereurs d'Allemagne recevaient la couronne de fer que l'on conserve à *Monza,* résidence préférée du roi actuel Humbert Ier. On sait que Napoléon Ier, lorsqu'il se fit sacrer roi d'Italie, mit cette couronne sur sa tête en défiant qu'on vînt la lui prendre.

Nous terminons notre promenade par S. Lorenzo, la plus ancienne église de Milan, et par l'Arc de la Paix, dédié aux deux Napoléon.

L'électricité est très en faveur ici, comme dans toute la Péninsule, d'ailleurs; la plupart des rues sont éclairées par de puissantes lampes à incandescence suspendues au milieu de la voie, à des câbles électriques allant d'une façade à l'autre.

Les rues, par exemple, sont déplorablement pavées de cailloux qui rendent la marche fort pénible, aux dames surtout; la chaussée est veuve de tout trottoir.

Une nouvelle artère, la Via Dante, en est pourtant pourvue.

Pour parer à cet inconvénient qui disparaîtra avec le temps, et pour permettre aux véhicules de circuler sans cahot, on a établi des rubans de dalles d'un mètre de large, environ, qui suivent les méandres des voies. C'est sur ces parties planes que passent les voitures. Dans les rues les plus larges, il y en a quatre; deux dans les autres, parfois pas du tout.

Les agents préposés à l'ordre public, affublés d'une redingote à très longues basques, sont coiffés d'un chapeau haut de forme, et tiennent de longues cannes à la main gantée de blanc.

J'ai mangé hier une figue des Indes, ainsi que des *Chidingeri*, fruits qui m'étaient totalement inconnus et que j'ai trouvés savoureux, les derniers surtout.

Milan est la ville la plus française d'Italie : beaucoup de mouvement et de confort.

VENISE

VENISE

Nous roulons vers Venise.

Nous dépassons Brescia.

La ville est bâtie sur une colline très élevée qui se continue parallèlement à la route que nous suivons.

Nous apercevons une partie de cette chaîne au flanc de laquelle sont bâties des habitations blanches, égayées subitement par un resplendissant rayon de soleil.

Il semble qu'en approchant de Venise, le rideau de brouillard s'amincit.

3 heures. — Nous sommes à *Desenzano* et nous admirons le lac de Garde bordé, au fond, par de hautes montagnes.

Notre joie se traduit par un hosannah !

Malgré cet hymne au soleil, le brouillard a reparu et

il plane sur les lagunes au moment où nous arrivons à Venise, après avoir franchi un pont de 222 arches reposant sur 80.000 pilotis et reliant la côte-mestre aux îles sur lesquelles est bâtie la ville.

La lune qui est dans son plein, nous reçoit au débarcadère.

Venise, comme prise d'une demi-pudeur, s'est enveloppée d'un tulle humide qui estompe toutes ses formes.

Dans ce décor vaporeux, nous prenons possession de notre omnibus — pardon ! de notre gondole à deux rameurs ; nous glissons silencieusement en suivant les circuits des nombreux canaux qui sillonnent la ville.

De temps en temps, à un tournant, le *poppe* jette mélancoliquement le cri de garage.

La brume et la nuit nous empêchent de distinguer nettement les rives.

Bien que nous nous fussions préparés à ce nouveau mode de locomotion, notre étonnement n'en existe pas moins et il se traduit par une sorte de recueillement béat.

A 7 heures, nous abordons au Grand-Hôtel (ancien Palais Ferro) ; nous dinons dans une petite salle dont les fenêtres donnent sur le Grand Canal.

Pendant notre repas, nous sommes agréablement surpris par un chœur qui vient captiver nos oreilles; à travers la fenêtre nous remarquons une gondole ornée de lanternes — vénitiennes naturellement — et dans cette gondole 7 ou 8 chanteurs et chanteuses qui offrent une sénérade aux dîneurs; ils s'accompagnent sur des mandolines et des guitares. Le rythme de leurs chansons est doux et coloré tout à la fois.

Après le diner, nous allons en reconnaissance du côté de la place Saint-Marc; à pied, cette fois, car s'il y a de nombreux canaux à Venise, il existe aussi des ruelles, je n'ose pas dire des rues; sur la quantité, trois ou quatre au plus mériteraient cette dernière dénomination.

Nous arpentons la place Saint-Marc, la Piazzetta et le quai des Esclavons. Nous visitons quelques magasins et nous allons, pour terminer notre promenade, déguster des glaces au café Florian.

Les Vénitiens excellent dans l'art de fabriquer toutes les glaces : celles biseautées, chères à la coquetterie, et celles qui complètent agréablement tout bon repas. Ces glaces (granite) ne coûtent que 3o centimes et sont les meilleures que nous ayons mangées en Italie. L'Italien est friand et consomme beaucoup de glaces et de pâtisseries.

On nous promet pour demain une jolie journée ensoleillée : ce sera la première.

Samedi 5 Novembre. — Sitôt levé, je me précipite à la fenêtre de ma chambre. Hélas ! le brouillard est toujours de la partie ; on distingue à peine l'autre côté du Grand Canal.

Nous reprenons le chemin de la veille et en débouchant sur la place St-Marc, nous voyons par bataillons serrés courir et voleter les fameux pigeons dont le nom est inséparable de la place, lorsqu'on l'évoque.

Je comprends seulement l'importance de cette connexité d'énonciation et ce spectacle m'a laissé un souvenir ému qui ne s'effacera jamais de ma mémoire.

Le divertissement auquel se livrent tous les touristes, sans exception, est certes unique au monde.

Ces pigeons appartiennent à l'espèce *biset* ; le plumage est d'un cendré bleuâtre, le cou d'un vert doré à reflets violacés et chatoyants, les plumes de la queue sont d'un cendré plus foncé que le corps, le bec noirâtre, l'iris et les pieds rouges.

Voici en quoi consiste le divertissement :

Sitôt que vous apparaissez sur la place, tenant dans la main un cornet de blé de Turquie que vous vendent des marchands, des centaines de pigeons vous entourent, vous investissent littéralement.

Ils viennent prendre part à la distribution des grains qu'on leur jette.

Il suffit de tendre le creux de la main rempli de ces grains de blé, pour que, instantanément, vous en ayez la main et le bras couverts.

'Quelques-uns plus gourmands ou plus affamés chassent les premiers et prennent leur place.

J'ai mis des grains sur mon chapeau de feutre mou ; aussitôt, il fut couvert de petits Sts-Esprits, comme disait l'anglais, qui picoraient sur ma tête.

Pendant notre séjour, et cela le matin et l'après-midi, mes amis et moi nous nous sommes offert le plaisir de nourrir les descendants des pensionnaires de l'ancienne République, qu'une loi tutélaire protégeait.

Le matin ils étaient encore plus familiers et il m'est arrivé une fois d'en pouvoir caresser un sans qu'il s'envolât.

C'est un spectacle gentil et amusant à la fois, la confiance de ces pigeons que personne ne songe à mettre à la casserole, et qui se promènent sur les dalles de la place St-Marc au point d'embarrasser vos pas.

Au moment où deux heures sonnent, frappées au haut de la tour de l'horloge placée dans l'angle Nord-Est de la place, par les deux moricauds qui depuis 1495 sont chargés de cette mission automatique, tous les pigeons, sauf les « occupés » ou les « repus » se dirigent vers les vieilles procuraties, (côté ouest de la place) où il y a deux ans et plus une dame, à cette heure sonnante, avait l'habitude de leur donner à manger.

Depuis cette époque, pour une raison que nous ignorons, la distribution est supprimée, mais les vieux pigeons qui s'en souviennent, suivis des jeunes que l'élan entraîne, se dirigent vers cet endroit d'un seul vol, mais vainement.

Nous entrons à l'église St-Marc, renommée pour ses mosaïques byzantines.

Les murs, les coupoles, la sacristie offrent les plus magnifiques spécimens de cet art essentiellement vénitien.

Les mosaïques byzantines ou, par extension, vénitiennes, se distinguent de celles de Rome, de Milan ou de Florence, en ce que les premières sont composées de petits cubes de verre d'un centimètre carré environ, tandis que les autres sont formées de marbres, de pierres, ces dernières parfois précieuses, ou de coquillages. Saint-Marc renferme beaucoup de curiosités rapportées de Constantinople, à l'époque des Croisades.

Nous allons ensuite au Palais des Doges qui contient, entre autres merveilleuses choses, le plus grand tableau à l'huile qui soit au monde; c'est un TINTORET, qui mesure 22 mètres de long sur 10 m. 20 de haut et qui représente le Paradis.

Paul Véronèse, Tintoret, Basan, Palma le jeune, Sansovino, ont donné là un libre essor à leur génie.

Toute l'histoire de la Sérénissime ou bien sanglante République Vénitienne revit dans ce Palais. Il n'y pas un objet qui ne rappelle son aurore, son apogée ou son déclin :

L'escalier des géants au haut duquel étaient consacrés, couronnés les Doges ;

L'Escalier d'Or par lequel ne pouvaient monter que les nobles inscrits sur le « Livre d'or » ;

La salle du Grand Conseil, longue de 52 mètres, large de 22 mètres, haute de 15 m. 40 qui servait aux réunions du Conseil dont les nobles faisaient partie dès l'âge de 20 ans.

La salle du Conseil des Dix (tribunal secret) chargé de veiller à la sûreté de l'Etat, de prévenir les complots, de juger les crimes de trahison. Il disposait à sa fantaisie du bien et de la vie des citoyens.

C'est de son sein que sortit le terrible Triumvirat des Inquisiteurs, le Conseil des Trois, chargé de prononcer les peines capitales, et il ne s'en faisait pas faute, grâce à la terrible boîte aux messages anonymes.

Ceux qui ne savaient pas écrire pouvaient transmettre verbalement leurs accusations, par la bouche à dénonciation.

La place de la sinistre boîte aux lettres, dont l'ouverture était pratiquée dans la gueule d'un lion, est encore montrée aux étrangers.

Nous sommes entrés dans des cellules affreuses pleines de souvenirs tragiques, notamment dans celle du doge Falieri, décapité pour crime de lèse-aristocratie.

Au temps les plus sombres de la République, la procédure était mystérieuse, les exécutions secrètes ; le *bravo* décapitait les malheureux qui venaient de franchir pour la dernière fois le Pont des Soupirs ; leur sang cou-

lait dans des puisards pratiqués à cet effet et leurs cadavres exangues étaient remis à un batelier qui était
chargé de les aller immerger dans le canal Orfano.

Il était défendu d'y pêcher !!

En sortant du Palais des Doges, notre cicerone nous
invite à visiter une fabrique de verreries, ainsi qu'une
école de dentelles.

Nous accédons à cette offre, légèrement intéressée ;
car cette visite est un moyen de vous amener à réali-
ser des achats dans des maisons familières au guide,
lequel vous remet entre les mains du directeur, fort
courtois, fort empressé, je dois le reconnaître, et qui
s'applique à faire valoir ses marchandises, tout en
vous faisant les honneurs de ses magasins.

L'école de dentelles est soi-disant sous la protec-
tion de l'Etat, mais les magasins y attenant feraient
supposer que l'on a affaire à une industrie privée.

Les deux ou trois douzaines de petites filles, qui
travaillaient dans l'atelier que nous avons visité,
présentaient quelques jolis types.

D'aucunes un peu plus hardies que leurs compagnes
nous adressaient en souriant malignement un « bon-
jour mousiou ! » qui devait être à peu près tout ce
qu'elles avaient appris de la langue française.

Nous déjeunons à la taverne Bauer Grünwald. Entre autres plats, macaroni au gratin, pas bon.

Toutes les tentatives que j'ai faites à l'égard du macaroni à l'italienne ou au gratin, ne m'ont pas réussi. Notre café absorbé, (Vive l'Italie pour le *caffe nero !*) nous prenons au Môle une gondole *all'ora*.

Nous parcourons dans toute sa longueur le Grand Canal.

Les deux rives sont bordées d'une suite de palais occupés autrefois par les patriciens.

Ces antiques demeures seigneuriales sont tout ce qui reste de la splendeur d'antan de la République Vénitienne.

Ces palais servent un peu à tous les usages maintenant ; certains sont loués à des particuliers ; d'autres sont affectés aux administrations communales ou nationales, telles que douane, musée, cour d'appel, ambassades, municipalité. Le palais Lorédan, ancienne habitation de Catherine Cornaro, femme de Pierre Lusignan, roi de Chypre, dont les armoiries décorent encore l'édifice, est occupé actuellement par le Mont-de-Piété.

Triste retour des choses d'ici-bas ! Sarcasme de la destinée !

Nous passons devant le Palais Malcome au moment

où l'impératrice Frédéric, d'Allemagne, mère de Guillaume II, monte en gondole, en compagnie de trois personnes.

Le Palais de Lucrèce Borgia a été converti en musée.

Nous continuons notre promenade nautique et contournons la gare des voyageurs ; nous passons entre la gare maritime et les hangars de la petite vitesse; poursuivant, nous arrivons sous le pont de Mestre, nous entrons dans le canal du même nom qui longe le quartier juif, le Ghetto, pour, enfin, accoster au pont de Rialto.

Ce pont, qui pendant des siècles a été le seul jeté sur le Grand Canal, (il y en a maintenant un autre en fer, long de 48 mètres sur 22 de large) se compose d'une seule arche en marbre de 27 mètres d'ouverture et de 7 mètres de haut.

Il repose sur 12,000 pilotis. Il est bordé de deux rangées de boutiques.

Nous prenons la rue Merceria, la plus passante et la plus commerçante en même temps, qui commence au côté E. du pont.

Son dédale étroit et tortueux aboutit à la place Saint Marc sous la tour de l'horloge. Les magasins sont petits mais bien fournis; la foule qui se touche les coudes y circule à la tombée de la nuit en flânant, en regardant les vitrines des magasins, ce que nous faisons aussi.

Sous les arcades de la place St Marc, nous achetons des photographies coloriées.

Au diner, on nous a servi du *riçotto*, un autre plat national fait de riz safrané, qui n'a pas davantage obtenu nos suffrages.

Heureusement que les glaces exquises du café Florian nous font oublier les imperfections de la cuisine italienne.

Nous nous promenons un moment et nous rentrons.

Comme Titus, nous n'avions pas perdu notre journée.

Demain dimanche ont lieu les élections générales dans tout le royaume d'Italie.

Les murs sont bariolés d'affiches multicolores : dernier appel aux électeurs.

Mon lit ressemble assez à celui d'une jeune fille, avec son moustiquaire en gaze blanche qui tombe en l'entourant complètement, jusqu'au plancher.

Quand j'y suis étendu, je me surprends, ô, dérision ! à me croire une communiante couchée sous son voile, car tout y est blanc (l).

Dimanche 6 Novembre. — Nous avons enfin une journée superbe, non qu'elle soit toute de soleil, mais à cause de la douceur de la température.

L'après-midi, surtout, a été belle ; le ciel nous a prodigué son azur et le soleil sa flamme rayonnante. On vote ferme en ce moment : la ville est très animée.

Nous voulons voir l'arsenal, mais nous nous cassons le nez : on ne le visite pas le dimanche.

Changeant nos batteries, nous donnons ordre à notre cocher, je veux dire à notre gondolier, de nous transporter de l'autre côté du canal St Marc.

Nous entrons à l'église *S. Giorgio Maggiore* : quarante-huit stalles en bois du flamand Alb. de Brule ; campanile au haut duquel nous montons et d'où la vue s'étend sur les lagunes.

De là à la *Giudecca*, que Alfred de Musset, amoureux, a traduit par *Zuecca*, il n'y a qu'un pas (encore pardon, qu'un coup de rame). Ici, s'élève l'église de *il Redentore ;* nous y pénétrons et nous terminons notre promenade par une visite à *S. Maria della Salute*, fort belle église à dôme à l'extrémité E. du Grand Canal, construite après la peste de 1630 : de là son nom.

Déjeuner chez Bauer. Notre assiduité á prendre nos repas dans cet établissement, nous vaut un surcroît de considération, qui se traduit chaque fois par une augmentation des prix de la note.

Nous décidons, dans notre mépris des honneurs, que nous porterons ailleurs nos estomacs faméliques.

Nous montons au Campanile carré de la place Saint Marc, au faîte duquel on a accès, non par des escaliers, mais par des pentes douces ascendantes, longeant les faces intérieures de la tour.

On raconte que Napoléon Ier y est monté à cheval. Cela n'a rien d'invraisemblable, si du moins la bête n'était pas ombrageuse.

Le panorama qu'on y découvre est admirable et unique : Venise, les lagunes, la Péninsule et jusqu'aux côtes de l'Istrie, de l'autre côté de l'Adriatique ; en un mot, près de 600 kilomètres carrés apparaissent à vos yeux.

La ville avec ses innombrables canaux et ses quatre cents ponts qui relient les cent îlots et plus, ressemble, dans sa topographie, à un mollet de colosse ayant un tout petit pied.

Nous allons au Jardin Public établi à la pointe « du

pied » et nous revenons prendre au quai des Esclavons le bateau à vapeur à destination du Lido.

Vingt minutes après nous accostons à l'île du Lido (dune), que fréquentait beaucoup Lord Byron. Beau cavalier, il y montait volontiers à cheval.

Un tram nous prend au débarcadère et nous transporte en quelque minutes à la rive opposée de l'île.

Le Lido, dont la côte E. fait face à l'Adriatique, est la station balnéaire des Vénitiens, voire des italiens péninsulaires ; son établissement de bains est conçu dans des formes primitives, mais la plage est jolie ; en foulant son sable et ses galets, je mange une demi douzaine d'huîtres, et mon amie fait l'acquisition d'un hippocampe séché.

Nous retraversons l'île à pied.

En attendant le bateau, nous contemplons les lagunes, en sablant du vin de Marsala, dans un établissement champêtre dont les spécimens semblables sont nombreux du côté du débarcadère.

L'été on y vient prendre des repas en humant l'air salin.

Nous rentrons à Venise, vers 5 heures, assez à temps pour entendre un morceau de la musique de la Marine installée sur la place St Marc.

Nous examinons, au point de vue de l'esthétique, les vénitiennes.

Les filles du peuple, les plébéiennes, sont toutes invariablement enveloppées dans un châle de couleur beige qui leur couvre corsage et robe, et dont la pointe vient tomber très bas entre les deux talons.

Toutes ont les cheveux noués en tresse sur le sinciput ; le foulard ou le chapeau leur est inconnu ; la figure est généralement jolie sinon très régulière, la peau est mate, les yeux vifs et l'allure délurée ; enfin, elles sont agréables à dévisager.

.·.

Lundi 7 Novembre. — Ce matin, nous avons pu enfin franchir les portes de l'Arsenal que gardent d'énormes lions.

Une grande salle contient de curieux types d'armes anciennes et quantité de dépouilles opimes rapportées par les Vénitiens après la fameuse bataille navale de Lépante, que les forces coalisées gagnèrent sur les Turcs, le 7 octobre 1571.

On y voit une reproduction du *Bucentaure*, le vaisseau qui servait chaque année, le jour de l'As-

somption, au mariage du Doge avec la mer Adriatique.

La cérémonie faite en grand appareil se terminait en
jetant à la mer un anneau d'or, l'anneau des fian-
çailles.

Napoléon Ier fit brûler le vaisseau.

On trouve aussi dans une salle de l'Arsenal le remarquable plan de Venise, par Albert Dürer.

Du temps de la splendeur de la République l'arsenal
occupait 16000 ouvriers ; il n'y en a pas 1600 à l'heure
actuelle.

De là nous nous rendons à l'Académie des Beaux-
Arts, sur le Grand Canal, rive gauche. Les toiles de P.
Véronèse, J. Bellini, le Tintoret, le Titien sont nom-
breuses.

Remarqué deux tableaux reproduisant des gravures
originales de Jacques Callot.

Je prends en repassant sur la rive droite un cliché
de notre hôtel.

Retour à la place St Marc où nous donnons une
dernière fois à manger aux pigeons.

Je prends deux clichés de mes amis dans cet amusant exercice et mon ami, à son tour, me photographie
aussi, enveloppé de pigeons.

Ces clichés seront-ils réussis ? *Qui lo sa.*

Ascension nouvelle du Campanile, en compagnie de notre amie cette fois, et nouvelle admiration du panorama de la reine de l'Adriatique.

Le temps est superbe.

Nous visitons en descendant les *Procuratie nuove*, anciens palais des Procurateurs, magistrats chargés autrefois de veiller au bien des églises, aujourd'hui palais royal, habité par le duc de Gênes, frère de la reine Marguerite, amiral-commandant de la flotte italienne.

C'est dans ce palais dont nous visitons les appartements, qui forment une enfilade de pièces exquises et richissimes, qu'habite à l'occasion toute la famille royale.

A 1 heure 1/2 nous quittons l'hôtel, absolument investis par tout le personnel; depuis le cireur de chaussures jusqu'au concierge, tous se tiennent dans une attitude qu'il n'est pas difficile de traduire : « La charité s. v. p. ».

Ils ne tendent pas encore la main par un reste de pudeur qui disparaitra sans doute, mais leur physionomie et les souhaits obséquieux qu'ils vous adressent en disent plus que ne le feraient leurs mains tendues ;

quand on croit en avoir fini avec les pourboires, il se dresse sur votre passage, un nouvel employé qui vous mime un instinctif : « Et moi ! ».

En gondole, nous adressons un adieu à Venise et... en route par la voie liquide pour la *Srada ferrata* (chemin de fer).

Venise nous laisse une charmante et profonde impression, très probablement parce que nous y sommes venus sans idées préconçues, en touristes curieux et non prévenus.

Beaucoup de personnes la visitent imbues, bourrées d'aperçus empruntés à la légende, à l'histoire romantique, aux relations des poètes à l'imagination vive et colorée ; de là, leur déception.

Les poètes romantiques il faut les lire, mais ne pas les prendre trop au sérieux. On voit mal lorsque l'on plane trop haut.

Nous prenons congé de *Veneƶia la bella,* à 2 heures 25, et nous arrivons à Bologne à 6 heures.

Les pavés sont boueux, il a plu.

Nous descendons à l'hôtel d'Italie, ancien palais Mattei — et de deux !... — Les escaliers sont d'un aspect magistral.

Après notre repas, nous allons en reconnaissance.

Nous sommes tentés de nous écrier comme Danton, avec une variante toutefois : « des arcades, encore des arcades, toujours des arcades ».

Je finis la soirée dans un café-concert, via dell' oro, appelé : les Folies.

Le genre est le même que partout et les chanteuses sont italiennes, françaises et tudesques.

Public : des bourgeois et fort peu de demi-mondaines.

BOLOGNE

BOLOGNE

Mardi 8 Novembre. — Notre temps étant limité, dès 8 heures 1/2 nous prenons un landau, ce que nous n'avions pu faire depuis Milan.

Nous visitons Bologne qui pourrait s'appeler la ville des arcades, fort commodes du reste en temps de pluie ; la chaussée est aussi mal pavée qu'à Milan.

Notre cocher nous conduit aux églises principales, qui sont très belles et entretenues avec soin.

L'une d'entre elles, St Stefano, est composée de sept constructions distinctes dont cinq églises, sur l'emplacement d'un ancien temple d'*Isis*.

Ce ne sera pas la dernière fois que nous rencontrerons dans notre voyage, le profane mêlé aux choses saintes. L'Italie est un peu le pays des contrastes ; le poignard et le crucifix servent souvent la même religion.

Sur la place Victor-Emmanuel se trouve une fontaine assez originale, appelée fontaine de Neptune, à cause sans doute de la statue colossale en bronze qui la surmonte.

Aux quatre angles, des sirènes se pressent les seins pour en faire jaillir l'eau qui sort par cinq jets.

Ces statues, en bronze, sont de Jean de Bologne. Non loin de là s'élèvent les deux tours jumelles d'Asinelli et de Garisenda. Elles sont penchées comme celle de Pise, carrées et bâties en briques. Elles datent du xiii siècle; la première, haute de 97 mètres, est inclinée de 1 m. 23; la seconde, haute de 49 mètres, est inclinée de 3 m. 04. Celle de Garisenda, qui a gardé le nom de son constructeur comme sa « sœur », a été construite ainsi, à dessein, dit-on.

On nous avait recommandé d'aller visiter la Chartreuse, actuellement le cimetière de Bologne.

Nous nous y rendons et nous sommes reçus par un gardien fort aimable qui nous fait la conduite à travers l'admirable nécropole, dont tout l'intérieur est entouré de superbes galeries où sont placées les tombes principales, et celles-ci sont nombreuses.

Quelques cimetières en Italie sont de véritables musées.

Nous nous arrêtons stupéfaits devant la tombe d'un grand parfumeur qui a fait mettre sur la pierre tombale sa marque de fabrique ; de même un carrossier a fait graver un landau sur la sienne ; le tout accompagné d'inscriptions commerciales.

Trop américains, ces italiens-là !

Un sculpteur a désiré avoir sa dernière œuvre, une Eve, bien en formes, sur son tombeau.

On lui fit observer qu'en face se trouvait un mausolée sur lequel était sculptée une Vierge tenant dans ses bras un Enfant-Jésus, et que la comparaison pourrait choquer certains sentiments.

Il répondit :

— « Je ne vois pas en quoi cela peut blesser, puisqu'on verra tout à la fois : la Faute et la Réparation. »

Plus loin, un veuf, qui a perdu ses trois premières femmes, a fait graver sur les pierres tumulaires des inscriptions dans l'ordre suivant :

A ma bonne épouse !

A mon excellente épouse !

A la meilleure des épouses !

Comme il s'est remarié une quatrième fois, on se demande, dans le cas où sa quatrième femme viendrait à décéder avant lui, ce qu'il pourrait faire graver ?

Enfin, une veuve « inconsolable », femme d'un artiste bolonais mort à Milan, et dont on voulait transporter le corps dans sa ville natale, répondit à ses amis : « Je désire que mon mari soit enterré ici, près de moi, afin que je puisse, tous les jours, aller lui porter des fleurs. »

Elle est remariée !!

Les caveaux mortuaires sont d'un prix tellement disproportionné, comparé aux prix des autres villes, que je l'ai consigné.

Ainsi, un caveau pour 4 personnes, 100 francs, et pour 20 personnes, 1.000 francs.

Napoléon, au courant de ce détail, disait qu'on devrait venir mourir à Bologne pour économiser les frais d'enterrement.

Un usage qui tend à se propager de plus en plus, c'est celui qui consiste à se faire sculpter, dans l'attitude de la douleur, sur le tombeau d'un de ses proches.

Et les cas sont nombreux dans tous les cimetières d'Italie.

La reine Marguerite, femme du roi Humbert, visitant un jour le cimetière de Bologne, s'arrêta devant une tombe au pied de laquelle était sculptée une dame agenouillée et les mains jointes, en toilette de cérémonie plutôt que de deuil. Elle ne put s'empêcher de dire en remuant légèrement la tête :

— « Ce n'est pas ainsi que l'on vient prier ses morts ! »

Depuis 1800, on a enterré, dans le cimetière de Bologne, 300.000 corps. Comme autre particularité, dans l'emplacement consacré aux pauvres, le terrain est sectionné, de sorte que chacune des parties ne reçoit que des corps du même sexe, et ceci pour les enfants, les adultes et les vieillards ; en outre, une autre partie est affectée spécialement aux malades morts de maladies contagieuses.

Cette journée du 8 devait être fertile en incidents.

D'abord, ayant à satisfaire un certain besoin pressant (ces choses-là arrivent !), j'avise un coin obscur, à l'extérieur de la cathédrale, quelques secondes après que nous en étions sortis.

Satisfaction obtenue, je veux venir rejoindre mes amis lorsque je sens s'appesantir sur mon épaule la lourde main de l'autorité, sous la forme du bras d'un « sergent de ville » qui, à son tour, me demanda satisfaction pour... ce qui constituait, à ses yeux, un délit que je venais de commettre.

Un délit de lèse-profanation probablement ! Je cherche à convaincre le rigide gardien des règlements municipaux en excipant de mon ignorance de ces derniers.

Vains efforts ! L'agent insiste, je persiste. Bref, d'instance en persistance et *vice versa*, nous arrivons tous deux devant un supérieur. (Le Palais du Podestat, actuellement l'hôtel de ville, est à côté de la Cathédrale.)

Ce supérieur, qui, dans l'ordre hiérarchique, n'est encore qu'un inférieur, ne veut pas trancher le cas, si bien que, toujours escorté de l'autorité, je suis adressé à un « véritable supérieur » qui a de plus la supériorité sur les précédents de parler le français.

Pendant ces incursions à travers plusieurs salles de l'hôtel de ville, je m'étais sans doute révélé avocat, car je plaidai si bien ma cause que je fus renvoyé des fins de la plainte du représentant de l'autorité avec.... des excuses du supérieur.

Encore un peu, l'agent recevait une semonce pour n'avoir pas su distinguer (on se demande comment ?) un « besoin » indigène d'un « besoin » étranger.

L'inquiétude de mes amis cessa lorsqu'ils me virent arriver, seul cette fois, et — content.

Départ de Bologne à 3 h. 55.

Encombrement à la gare et dans le train venant de Milan et se dirigeant sur Rome, viâ Florence.

Les élections qui avaient eu lieu le dimanche précédent étaient la cause de cette foule ; nous dûmes attendre qu'on attachât une nouvelle voiture au train.

Il est d'usage en Italie que l'électeur vote dans son collège d'inscription. En ceci, rien que de naturel et de normal. Mais, comme le gouvernement accorde 75 % de rabais sur les tarifs du chemin de fer aux votants qui se transportent dans leur collège respectif, ceux-ci ont la précaution de maintenir leur inscription dans leur ville de prédilection.

Il en résulte, au moment des élections, une petite vacance dont profite l'électeur, ce qui ne lui est pas désagréable, mais, par contre, ce qui n'est pas agréable aux autres voyageurs, c'est qu'il s'ensuit en même temps une bousculade dans les gares et les compartiments des trains, causée par tous ces allants et venants

Il est peu d'électeurs qui n'usent pas de cette faveur, même ceux pour lesquels l'exercice du droit de voter demeure indifférent.

Nous partons avec 20 minutes de retard, lorsque, arrivés à la station de *Bagni di Porretta*, on s'aperçoit que notre wagon brûle.

En effet, depuis un moment, nous sentions une odeur dont nous ne nous expliquions pas bien la cause.

Tout le wagon déménage; on le décroche, on le transporte sur une voie de dégagement, fumant et projetant par intermittence de petites lueurs, nous fixant sur le sort qui nous attendait si, par hasard, on ne s'était pas aperçu à temps du danger que nous courions.

Un autre wagon attelé, nous nous réinstallons et nous arrivons, cette fois sans nouvel encombre, à Florence, mais avec un long retard.

FLORENCE

FLORENCE

Hôtel du Nord, troisième ancien palais.

Ne croyez pas que nous ayons la manie des grandeurs : c'est le hasard !

Le soir, nous sortons à l'effet de reconnaître la ville qui paraît « dans le mouvement ».

Les magasins ferment de bonne heure, presque tous ont déjà bouclé leur devanture, et il n'est que 9 heures.

C'est un inconvénient dont les Florentins devraient bien se rendre compte. Les touristes passant toute leur journée dans les musées ou les églises n'ont guère que le soir, après leur repas, pour s'occuper d'emplettes.

Mercredi 9 Novembre. — Le matin, nous visitons la place de la Seigneurie, laquelle, avec le Palais-vieux et la Loggia dei Lanzi, forme le centre de la ville.

C'est sur cette place que fut brûlé, en 1498, sous le Pontificat d'Alexandre VI, — un Borgia qui mourut empoisonné en 1503, — le dominicain Savonarole, ainsi que deux de ses compagnons, pour avoir voulu soustraire Florence à la domination des Médicis.

Le Palais-vieux sert aujourd'hui d'hôtel de ville et ressemble à une sorte de château-fort; il est surmonté de créneaux et d'une tour élancée de 94 mètres de hauteur.

Nous y entrons.

Dans l'angle méridional de la place se trouve la Loggia dei Lanzi.

C'est une sorte de portique contenant des statues, en marbre et en bronze, signées Jean de Bologne, Benvenuto Cellini, Donatello etc.

Quoique exposées aux déprédations des malveillants, ces œuvres ne courent aucun risque.

De là aux galeries des Offices, il n'y a qu'une enjambée.

Les collections d'œuvres d'art composées d'abord de celles des Médicis, enrichies ensuite par les ducs de la Maison de Lorraine sont les premières du monde.

Tous les maîtres des écoles italiennes et beaucoup de ceux des écoles flamande, espagnole, française, allemande, etc., sont représentés dans leurs conceptions capitales.

La *Tribuna,* (chapelle) est une salle où sont placés les chefs-d'œuvre de ces chefs-d'œuvre.

Nous y voyons la *Vénus* et la *Magdeleine* du Titien, cette dernière avec ses cheveux blond-vénitien, La *Fornarina* et *la Vierge au chardonneret* de Raphaël.

C'est au cours de ce voyage, à travers les salles du musée des Offices, que nous avons pu établir les parallèles qui existent entre l'expression des vierges de trois peintres hors de pair, et d'écoles différentes.

Murillo a donné aux siennes l'expression de la femme idéale.

Van Dyck les a faites plus mystiques.

Raphaël, seul, les a rendues divines.

Un *Ecce Homo* de *Carlo Dolci,* dit le « suave », nous a retenus, frappés d'admiration.

Beaucoup de Salvator Rosa peuplent ces galeries.

Un cabinet dit « des gemmes » grand comme la main contient 6 vitrines derrière lesquelles sont plus de 400 pierres précieuses et gemmes, burinées par Jean de Bologne, Benvenuto Cellini, etc.

Les objets de ces vitrines qui ont appartenu aux Médicis sont estimés cent millions.

Dans une des salles du musée des Offices appelée salle Baroche, se trouvent quatre tables en mosaïque florentine ; celle du milieu dont l'exécution a exigé 5 ans, est estimée 480.000 fr.

L'après-midi, une voiture nous conduit au *Viale dei Colli*, une des plus belles promenades de l'Italie, dit notre Bœdecker, établie à coups de millions sur les collines du Sud de la ville.

Cette petite excursion nous conduit de la place Michel-Ange, au milieu de laquelle se trouve une copie en bronze de son David, au socle flanqué des grandes statues allégoriques des tombeaux des Médicis, que, de propos délibéré, l'immortel statuaire a laissées inachevées.

De cette place on découvre une vue splendide sur la ville et la vallée de l'Arno.

De retour à Florence, nous allons à la cathédrale (dôme) dont nous avions déjà vu le grandiose revêtement en marbres de diverses couleurs, où pourtant le marbre blanc de Carrare domine.

C'était jusqu'en 1436 la plus grande église d'Italie ; elle mesure 169 mètres de long et 104 de large ; au transept, la coupole s'élève à 107 mètres. Cette dernière est l'œuvre de *Filippo Brunelleschi*. Sa construction dura quatorze ans.

C'est de cette coupole, dont la hardiesse et les proportions étonnent, que Michel-Ange dit un jour : « — Je « vais aller à Rome en construire une plus grande « mais non une plus belle.

Le *Campanile* est à côté du Dôme, semblable à une sentinelle gardant sa guérite.

Cette tour de forme carrée a 84 mètres de haut ; comme le dôme, elle est tout en marbre de la base au faîte ; la patine du temps a donné aux marbres des tons moins vifs qui reposent l'œil. Thiers, en admirant le campanile, a dit qu'il mériterait d'être mis sous une cloche de cristal.

Le *Baptistère* — ou S-Giovanni Batista — primitivement la cathédrale de Florence, se trouve presque en face.

Le Dante appelait cette église « mio bel S-Giovanni ».

Indépendamment de l'église qui est une des pures productions du style roman-toscan, le *Baptistère* possède trois portes de bronze : trois merveilles d'exécution.

L'une de *André Pisano*, les deux autres de *Lor. Ghiberti* ; la première demanda 22 ans de travail ; la seconde 21 ans et enfin la plus belle 26 ; de cette dernière où sont représentées dix scènes bibliques, Michel-Ange dit qu'elle mériterait d'être la porte du Paradis ; depuis elle a conservé cette dénomination.

Après cela nous allons visiter les principaux sculpteurs établis au Lungarno.

Nous y retournerons.

Florence doit être la ville rêvée de tous les cyclistes ; ses rues sont pavées de dalles rectangulaires en granit, ce qui leur donne l'aspect de longs corridors.

Les trottoirs sont établis dans les mêmes conditions, si bien que les voitures roulent sans cahots, ce qui n'a rien de déplaisant.

Les cochers sont tous en chapeaux hauts de forme ; ils ont ainsi grand air ; ils sont généralement convenables, ce qui est à considérer, et s'en réfèrent au tarif sans rechigner.

Les bicyclistes, tous munis d'une corne et d'un grelot qui tinte constamment, sont très nombreux par les rues pourtant bien encombrées.

Les maisons ont presque toutes, à leur toiture, des auvents qui font saillie sur la rue d'un mètre à un mètre cinquante.

Cela m'a rappelé les habitations de certaines parties du pays basque.

Les bouquetières qui sont parfois de fort jolies filles

entrent dans les cafés-restaurants-patisseries. (Ici ces
trois professions se cumulent : c'est la trinité gastrono-
mique) et vous ornent la boutonnière d'une fleur
quelconque.

On leur donne deux sous pour.... s'en débarrasser.

Jeudi 10 Novembre. — Nous ne pouvions
venir à Florence, la ville du marbre et des sculpteurs
par excellence, sans désirer voir un magasin auquel fût
attenant un atelier où le carrare, les différents marbres
et albâtres, sous les mains habiles des artistes florentins, deviennent des objets d'art, religieux, de genre
ou autres; à cet effet, nous nous rendons au Lungarno,
chez Bazzanti et fils où nous pouvons examiner une
quantité de figurines, de groupes, de statues, d'un joli
cachet artistique.

Nous visitons les ateliers très intéressants également ; des œuvres sont sur le chantier.

Nous faisons quelques achats.

Avant le déjeuner nous visitons l'église de *Marie
novella* qui, entre autres choses, renferme le célèbre
crucifix en bois de Brunelleschi et *Ste-Croix*, église

qui renferme le crucifix de Donatello fait en concurrence avec Brunelleschi. Il faut admettre que tous deux ont été trouvés dignes de l'émulation des deux grands artistes, puisque ces œuvres ont mérité de passer à la postérité ; l'église *Ste-Croix* sert également de Panthéon.

Cet édifice a été choisi pour contenir les tombeaux-monuments de Michel-Ange, Dante, Machiavel, Lanzi et de Benedetto de Calvacanti ; l'après midi est consacrée à la visite de la *Chartreuse d'Ema*, située hors de la ville sur la hauteur de Montagata couverte d'oliviers et de cyprès.

Un chartreux court et replet, dont la belle santé semble s'accommoder des mortifications, nous conduit à travers le cloître et nous en montre toutes les parties.

Ces maisons de recueillement et de prière sont toutes bâties sur le même plan.

Chapelle, réfectoire, cour intérieure, maison d'habitation : qui voit une chartreuse, les connaît toutes, la différence n'existe que dans la richesse, le luxe des chapelles.

Celle d'Ema a été visitée par le roi des belges actuel, Léopold II, alors qu'il n'était encore que Duc de Brabant

Léon X, (Jean de Médicis, fils de Laurent de Médicis — dit le magnifique — 1475 à 1521), y a séjourné huit mois.

Cette chartreuse n'a pas effacé en nous, de beaucoup s'en faut, l'impression que nous avait laissée celle de Pavie.

Il y a là aussi une fabrique de chartreuse et d'alkermès, liqueurs florentines.

Si, dans les cafés de la ville, vous n'avez pas la précaution de demander de la chartreuse française, c'est de la première que l'on vous sert : elle est loin de valoir l'autre.

Nous achetons avant de quitter le père chartreux, qui réserve la fin de la visite pour la *Drogheria*, quelques liqueurs contenues, les unes dans des flacons imitant le vieux Rouen, les autres dans de petites *fiasche* italiennes clissées, garnies de pompons bleus et rouges, et de cette espèce de petit balai en vannerie qui remplace le bouchon.

Rentrés à Florence, le soir, nous flânions de long en large, via Tornabuoni, en attendant l'heure du repas, lorsque nous voyons arriver à toute vitesse de roues, deux bicyclettes montées par des pompiers ; l'un deux requiert un cocher et son fiacre ; j'en fais la remarque à mes amis, en pressentant un incendie.

2***

Effectivement quelques instants après passe une pompe avec des pompiers, dont l'un tient en main une torche allumée.

Nous nous dirigeons vers le Lungarno et nous apercevons au loin, sur la rive gauche de l'Arno, les lueurs sinistres d'un immense incendie. On nous dit que le feu consume les bâtiments où se fabriquent les effets d'habillement pour la troupe. Le coup d'œil est grandiose et triste en même temps.

Les détails nous manquent.

Le soir, nous allons au café Trianon que nous avions remarqué la veille ; nous constatons qu'il contient une salle de café-concert. Nous entrons.

La salle, agréable à l'œil, est du style Louis XV le plus fin et le plus coquet. Les chaises sont recouvertes de peluche bleue. Le rideau s'ouvre par le milieu et se ramène vers les côtés verticaux du cadre, également en peluche de même nuance ; nous trouvons dans l'ameublement la justification du titre de la salle de Trianon.

Concert également cosmopolite ; on chante en italien, en allemand et en français. Malgré l'accueil qu'a reçu en France au début, la *Cavalleria Rusticana*, les italiens usent d'indulgence à l'égard des deux chanteuses de genre, françaises, qui sont pourtant loin de rappeler par leur maintien embarrassé et leur air gauche, la grâce et les manières du siècle sous l'égide architecturale duquel elles débitent leurs chansons.

.·.

Vendredi, 11 Novembre. — Depuis quelques jours le ciel nous fait risette.

Comme nous ne sommes pas ici à demeure, nous décidons de nous adjoindre un guide, pour les deux derniers jours que nous comptons rester encore, sauf imprévu, à Florence, cette perle de l'Italie et la reine du monde artistique.

On nous recommande *Pometti*, un cicerone parlant le français assez bien, quoique cultivant le « cuir » et le « velours » d'une façon parfois amusante.

Je ne me souviens plus d'un barbarisme qu'il nous décocha et qui nous fit beaucoup rire.... après.

Ce dont nous nous souvenons, c'est d'une liaison « veloutée » qu'il nous répéta plusieurs fois au cours d'une journée en nous expliquant la composition de tableaux de genre ou autres.

— « Voyez-vous, Monsieur et Madame, ceci vous

représente... telle chose..., et là, à côté, un *petit z'amour.* »

A cela près, nous n'avons eu qu'à nous féliciter d'avoir été adressés à ce guide qui pratique depuis de longues années.

Il est fort au courant de son office et paraît, en outre, très flatté d'avoir été recherché par nous.

Nous visitons tour à tour dans la matinée et l'après-midi :

Saint-Laurent, église fondée en 390, une des plus anciennes églises de l'Italie. Incendiée en 1423, elle fut reconstruite en 1425, par les Médicis et sept autres familles, sur les plans de Brunelleschi ;

Le *Palais Ricardi,* où naquirent plusieurs Médicis. Fresques de Giordano.

Nous nous rendons, de là, à la chapelle des Médicis. Fresques de Gozzoli représentant le voyage des rois mages, avec beaucoup de portraits des Médicis.

Le *Palais* et la *Galerie Pitti,* du nom que portait le fameux adversaire des Médicis, sont également deux choses inénarrables. L'antagonisme de ces deux familles puissantes, et cherchant l'une l'autre à s'éclipser, a provoqué une stimulation qui a valu à l'Italie ses incomparables collections artistiques. La galerie Pitti, attenante au Palais, où réside le roi lorsqu'il séjourne à Florence, rappelle la galerie des Offices.

Les écoles italienne et flamande sont représentées par leurs maîtres les plus illustres.

Nous retournons au Palais des Offices revoir la *Tribuna* et la *Salle des Gemmes ;* ensuite nous nous rendons à la *Nouvelle Sacristie*, mausolée de la famille des Médicis qui n'a pas coûté moins de 40 millions.

C'est une œuvre de Michel-Ange qu'il laissa inachevée et à laquelle, d'ailleurs, il ne travailla qu'à regret. Il avait fini par détester les Médicis dont l'un, Alexandre, venait d'anéantir la République Florentine.

Julien et Laurent y ont seuls leur monument. Les statues du Jour et de la Nuit, du Crépuscule et de l'Aurore, qui décorent les sarcophages, ne sont pas terminées. On a conservé telles quelles les œuvres du maître.

Nous retournons également au Palais Pitti, dont nous visitons les appartements royaux, ainsi que le cabinet de l'argenterie, aussi appelé la salle du Trésor.

C'est un peu le pendant de la salle des Gemmes du Palais des Offices, avec cette différence que les joyaux qui y sont renfermés sont plutôt en or, en argent, qu'en pierres précieuses.

Ce n'en est pas moins inimaginable ; à côté de quantité de pièces d'orfèvrerie d'un travail merveilleux, nous avons pu contempler 60 coupes en or, ciselées par Benvenuto Cellini : cela seul est inestimable.

Le cerveau un peu surmené, nous décidons, en sortant de ces Palais des mille et une nuits, d'aller aux « *Cascine* », bois de la Cambre de Florence, à l'ouest de la ville, entre l'Arno et le Mugnone.

C'est là que les Florentins ont établi leur « Corso ».

La promenade est belle.

Après avoir entendu de notre voiture un morceau de la musique militaire, nous rentrons. Achats de photographies.

A la fin de notre journée, nous étions un peu fatigués, mais surtout abasourdis par les richesses incalculables, tant au point de vue artistique qu'intrinsèque, qui avaient défilé devant nos yeux.

C'est un kaléidoscope incessant de splendeurs nouvelles.

Nous avons vu des objets, meubles ou autres, d'un volume restreint qui ont nécessité pour leur confection toute une vie d'homme ; ainsi, telle table en mosaïque a exigé 10 à 15 ans de travail, à 10 hommes par jour.

Il aurait donc fallu plus d'un siècle à un seul artiste pour la terminer, si l'hypothèse était vraisemblable.

Nous apprenons que l'incendie d'hier a coûté plus d'un demi-million à l'État.

.·.

Samedi 12 Novembre.— Dès le matin, notre guide Pometti nous conduit à l'école des Beaux-Arts où sont quelques tableaux de genre et de grandes compositions, fixant des épisodes de l'histoire italienne.

Dans ce musée se trouve le *David* de Michel-Ange, œuvre capitale, une de ces envolées de génie devant laquelle on demeure bouche bée.

Pometti nous raconte que Clémenceau, le *leader* des radicaux français, qu'il eut l'honneur d'accompagner, lui dit en arrivant dans la pièce circulaire, au milieu de laquelle est placée la statue : « Dites donc, « petite pomme », — traduction de Pometti — allez faire un tour, vous reviendrez dans une heure. » Pendant tout ce temps, Clémenceau resta « en conciliabule » devant le *David*.

En sortant du musée, nous allons à la maison de Dante, curieuse historiquement; quant à la disposition des pièces qui furent autrefois l'habitation de l'auteur de la *Divine Comédie*, elle semble avoir été fortement modifiée. On y trouve quelques objets lui ayant appartenu, mais qui paraissent avoir été apportés bien longtemps après sa mort. Sur la place de la Cathédrale, on montre un banc de pierre où Dante venait s'asseoir lorsqu'il composait son *Enfer*.

Nous terminons la matinée par le musée de physique et d'histoire naturelle, très complet, et où l'on peut voir une collection de pièces en cire ayant trait à l'anatomie de l'homme. C'est probablement le plus beau et le plus intéressant musée qui existe en ce genre.

On y voit aussi le télescope de Galilée.

Après déjeuner, nous allons au Musée national. Très belles collections d'armes, de vieilles faïences, de sculptures.

De là, nous nous rendons à la maison de Michel-Ange, un petit musée où sont des croquis, plans, portraits et bustes se rattachant à la vie de l'artiste ; ce logis est autrement intéressant que celui de Dante ; on y voit le cabinet de travail de Michel-Ange, d'une exiguïté extraordinaire.

Enfin, notre guide nous conduit à la Synagogue, une des plus riches qui soient et dont la porte de la grille d'entrée nous est ouverte par une jeune juive, un vrai type de beauté orientale ; sa mise seule jurait un peu avec la régularité de ses traits et l'opulence de sa noire chevelure.

Nous quitterons Florence, demain matin à 6 h. 27, et arriverons à Rome vers une heure de l'après-midi.

Je désire payer mon tribut d'admiration sans réserve à Florence, cette cité aimée des dieux, où s'est synthétisé, dans un ensemble raffiné et grandiose, le génie de quelques-uns de ses enfants.

Il est impossible, croyons-nous, de voir réunis dans aucune ville du monde un plus grand nombre de joyaux, frappés au coin de l'esthétique la plus pure et la plus accomplie.

Si la famille des Médicis compte parmi les siens des créatures qui sont l'opprobre de l'humanité et de l'histoire, la plupart de ses membres, il faut leur rendre cette justice, quel que soit le mobile qui les ait fait agir, ont contribué à la gloire de l'Italie, et, en particulier, à celle de Florence.

Au lieu d'étouffer le génie des grands hommes, qui sont nés dans la période pendant laquelle ils ont régné, ces Médicis l'ont favorisé au début jusqu'au moment de leur plein épanouissement.

Quelques-uns de ces génies se sont affranchis de la tutelle protectrice, car il en est d'eux comme des superbes chênes à la cîme altière : Ils ne savent pas ployer.

Du reste, ils sont bien au-dessus des grands conquérants, des hommes de sommet, que favorise le sort des armes ou le prestige des fortunes publiques. Aujourd'hui debout, demain par terre ; leurs œuvres, un souffle les abat, les emporte. Le génie, lui, plane radieux, défiant tous les hasards du destin. car il est immuable, indestructible, immortel.

Michel-Ange, Le Dante, Galilée, Paul Véronèse, Raphaël, Tintoret, Titien, Jean de Bologne, Perugin, Benvenuto Cellini, Léonard de Vinci, sont autant de météores, illuminant le ciel artistique de l'Italie.

ROME

ROME

Dimanche, 13 Novembre. — Nous arrivons à Rome à l'heure dite. Le sol est humide. Il a donc plu, car le ciel est presque serein ; nous pensons qu'il serait fâcheux que le mauvais temps nous surprît à mi-route de notre voyage.

Notre arrivée nous donne tout de suite une bonne impression de la ville aux sept collines; les maisons ont grand air, les voies sont larges et belles.

Notre hôtel de la Minerve dénote une bonne maison; nous nous installons et nous déjeunons, car nous avons les dents longues.

Nous prenons ensuite une voiture.

Notre cocher nous transporte de droite et de gauche, en nous nommant les monuments, colonnes, obélisques, fontaines, palais qui pullulent et devant lesquels nous passons.

Nous longeons le Corso dans toute sa longueur — voie principale de Rome. — Une foule de promeneurs encombrent les trottoirs; les équipages en très grand nombre suivent à la file ou se croisent.

Devant quelques riches hôtels particuliers sont des portiers chamarrés, empennés, très décoratifs. Ils s'appuient crânement sur une canne de tambour-major; la grande porte cochère, au milieu de laquelle ils se tiennent graves, avec un air persuadé que « c'est arrivé », leur sert de cadre.

Voici l'église St Pierre.

Nous restons cloués devant ses colossales proportions. Les Colonnades de la place nous ravissent et l'intérieur de l'édifice nous confond. Nous voyons donc la plus vaste église du monde, œuvre de Bramante, Michel-Ange et Raphaël.

Après le diner nous allons « sucer » des glaces au café National, un des plus beaux de Rome.

.˙.

Lundi 14 Novembre. — Préoccupés de nous assurer d'un cocher parlant un peu le français et capable en même temps de nous diriger dans nos pérégrinations, nous nous avisons de rechercher un nommé Pacifico qui nous avait été recommandé par des amis communs.

Nous ne comptions pas beaucoup le retrouver, car il y avait déjà une douzaine d'années que nos amis avaient eu affaire à lui.

Grandes furent notre surprise et notre satisfaction quand, à la suite d'un renseignement pris au portier de l'hôtel, celui-ci nous le désigne stationnant sur la place de la Minerva.

Pacifico, très flatté d'avoir été recherché par nous, prit donc dès ce moment, avec les rênes de son cheval, la responsabilité de nos excursions.

Le temps ne l'avait enrichi ni en vocables français ni en rentes italiennes, mais tel qu'il était, nous nous en contentions. Il nous savait gré de l'intérêt que nous lui portions, à lui et à sa nombreuse famille, en l'occupant de 6 à 7 heures par jour.

Ce malheureux nous raconta qu'il avait eu quinze enfants : quinze filles.

Sans une grosse maladresse qu'il commit le dernier jour, il eût été très intéressant ; mais, nous partant, il crut n'avoir plus besoin de nous ménager,

Nous roulons dans la voiture découverte de Pacifico.

Il a plu la nuit, toutefois la matinée est superbe ; la journée sera de même et nous aurons contemplé la pureté du ciel d'Italie dans tout son éclat.

Nous le voyons enfin tel que nous le souhaitions : bleu d'outre-mer, détaché de la palette du Titien. Nous longeons à nouveau le Corso jusqu'à la place du Peuple ; nous gravissons la route en lacets qui conduit au *Pincio*, le jardin-public où les romains se donnent rendez-vous et se font visite *dans leurs équipages.*

La musique, se fait entendre tous les jours.

Le *Pincio* est situé sur une éminence d'où l'on jouit d'un coup d'œil ravissant sur une partie de la ville. La flore exotique y est arborescente et très vigoureuse. Les palmiers ne sont pas rares.

Des sujets ont jusqu'à 25 pieds de haut.

Sur cette promenade se trouve une clepsydre — horloge à eau des anciens — dont le régulateur présente la forme d'une espèce de balance. Les deux plateaux montent et descendent mathématiquement par la chute du poids d'une égale quantité d'eau qu'ils reçoivent à toutes les secondes.

Nous visitons successivement le Palais *Baberini*, *Ste Marie du Peuple..*, peuplée de tombeaux, et *Ste Marie-de-la-Conception.*

La particularité de cette dernière, c'est qu'au-dessous de l'église, il existe cinq ou six chapelles mortuaires ornées des ossements de près de 4000 capucins, qui ont été inhumés et exhumés au fur et à mesure des nouvelles obsèques.

La terre qui recevait leur corps venait de Jérusalem.

Tous les ossements des capucins ont servi à orner les parois de ces chapelles, ainsi que quelques niches dans lesquelles des religieux sont allongés, revêtus de leur robe de bure ; des artistes macabres se sont livrés à des décorations de fantaisie peu compatibles avec le respect dû aux restes humains.

Nous traversons le nouveau quartier ; nous passons devant les ruines du *Forum* de Trajan, devant les *Thermes* de Diocletien, nous entrons au *Panthéon*, le seul édifice antique de Rome qui soit entièrement conservé.

Outre, nombre d'hommes célèbres, Raphaël y a son tombeau (né le 6 Avril 1483, mort le 6 Avril 1520), ainsi que Victor-Emmanuel que l'on a surnommé *il padre del popolo* (le père du peuple).

Courte visite à *Ste Marie-de-la-Minerve*, église construite sur les ruines d'un temple de Minerve : greffe chrétienne entée sur un rameau païen.

L'après-midi nous visitons :

Ste Marie-des-Anges, Ste Marie-Majeure, la plus grande des 80 églises de Rome sous le vocable de la Vierge, renferme la crèche de J.-C. (!) Elle possède une porte jubilaire et le corps de l'apôtre Saint Mathieu. La crypte renferme les sépultures de la famille *Borghèse* ;

St Pierre aux-liens, qui possède les chaînes de St Pierre et le *Moïse* de Michel-Ange ;

Ste Praxède où l'on peut voir la colonne à laquelle le Christ fut attaché pour être flagellé ;

Le *Colisée,* dont les ruines donnent encore l'idée des proportions titanesques de ce théâtre à ciel ouvert qui fut inauguré l'an 80 par Titus. Les jeux d'inauguration durèrent cent jours et coûtèrent la vie à 5000 bêtes féroces.

Il y eut également, pendant cette série de fêtes des représentations de batailles navales.

Le Colisée pouvait contenir 87000 spectateurs.

Eclairé par la lune ou des feux de Bengale, ce qui se pratique quelquefois, le spectacle de ces ruines est, dit-on, d'un grandiose indescriptible.

Nous avons été privés de cette vue.

En sortant du *Colisée,* nous avons devant nous les

débris plus ou moins bien conservés de ce qui fut le cœur de la ville antique : le *Forum*, les *Arcs de triomphe* de *Constantin*, de *Titus* et de *Septime Sévère ;* le *Temple de Vénus* et *Rome ;* la *Basilique de Constantin ;* le *Temple de Romulus ;* les vestiges d'autres Temples ; *le Capitole*, et, pour clore la série, sur le *mont Palatin*, les restés d'un *Palais de César.*

En nous rendant au *Colisée* nous avions vu la tour, légèrement inclinée, de laquelle Néron s'est offert le spectacle fantastique d'une ville dévorée par les flammes.

J'allais omettre de mentionner une démarche faite à la chancellerie belge par mes amis, à l'effet d'obtenir pour eux, l'autorisation d'approcher du St Père. Le soir j'allai passer deux heures au café-concert dell' Varietà.

Mardi 15 Novembre. — Le matin nous nous rendons au palais Colonna. Quelques-uns de ces palais particuliers, dont la visite est permise à des heures et à des jours déterminés, possèdent des galeries de tableaux comme n'en ont pas certains musées. Celui-ci, occupé autrefois, en partie, par l'ambassade de France, contient onze paysages de Gaspard Poussin, des Rubens, des Van Dyck, des Tintoret, des J. Bellini, etc.

Après-midi, Palais *Farnèse*, actuellement ambassade de France, remarquable par ses fresques mythologiques de Carrache et son plafond de la salle des fêtes, d'après des dessins de Michel-Ange.

Eglises : *Ste Marie-in-Trastevere* construite à l'endroit où, rapporte la légende, une source d'huile jaillit subitement de terre au moment de la naissance de Jésus-Christ.

Ste Cécile-in-Trastevere, primitivement la maison de Ste Cécile.

Sous le maître-autel se trouve la statue couchée de la sainte décapitée.

Voici au sujet de cet évènement comment s'exprime notre guide : « La martyre qui avait converti son mari, son frère et ses juges fut pourtant livrée au bourreau, durant la persécution d'Alexandre Sévère, (l'an 230). Des auteurs font mourir Ste Cécile en Sicile, entre les années 176 et 180, sous les empereurs Commode et Marc-Aurèle. Le bourreau s'y prit en vain « par trois fois pour la décapiter et s'enfuit. St Urbain « déposa les restes de la sainte dans les catacombes « de St Calixte, non loin de la sépulture des papes.

« St Pascal les découvrit en 821, à la suite d'une vision,
« et les transféra dans l'église. Le cercueil fut ouvert
« de nouveau, en 1599, et *c'est d'après nature* que
« fut exécutée la statue en question à l'époque du
« *Bernin*. »

Nous qui avons vu la statue couchée, la tête tenant
bien aux épaules et les formes très académiques, nous
avons peine à croire que c'est *d'après nature*. qu'elle a
été sculptée.

A moins d'un miracle et dans ce cas...

Pacifico. nous transporte au mont Janicule, d'où l'on
découvre toute la ville *intra* et *extra muros ;* sur cette
colline est bâtie l'église de *St-Pierre-in-montorio* et,
y attenante, une rotonde avec 16 colonnes doriques,
érigée en 1502 d'après les plans de Bramante, à la
place où St Pierre aurait été crucifié.

Nous passons en rentrant devant la fontaine *Pauline*,
les ruines du *Temple de Vesta*, la fontaine *Virile ;* la
maison *de Rienzi*, l'arc *de Janus Quadrifons ;* l'arc des
Orfèvres, les restes du Théâtre *de Marcellus*, le Portique *d'Octave*, la fontaine *des Tortues*, les *Cloaques*, le
Capitole, la *roche Tarpéienne* (1).

Nous nous arrêtons à une terrasse d'où notre regard
s'étend sur le Forum jusqu'au Colisée.

Le soir me ramène au théâtre Quirino où l'on jouait *Dona Juanita* de Franz de Suppé, opéra-bouffe et cadre à exhibition de petites femmes en maillot qui évoluent gracieusement.

Pour la première fois, que je vois un véritable théâtre italien, je ne suis pas enthousiasmé.

On fume et les hommes restent couverts.

Les fauteuils sont à peu près convenables ; le parterre est composé de bancs — avec bras en fer — délimitant chaque place.

Aux trois galeries, fauteuils en fer, recouverts de coussins mobiles d'une toile à longue bande, vieux-bleu et blanc. On dirait de la toile à matelas. Ces coussins sont garnis de paille fine. Les ouvreuses sont totalement inconnues et les couloirs sont blanchis à la chaux.

Tous les spectacles commencent à 9 heures du soir.

∴

Mercredi 16 Novembre. — Partis à 9 heures 1/2. Visite aux ruines du *Temple de Pallas*, du *fort d'Auguste* et du *Temple de Nerva*.

De là, nous nous rendons à l'église *St Clément* qui

présente cette particularité d'être une trilogie d'édifices superposés. On visite les trois églises.

St Jean de Latran, que nous visitons après, comprend une église, un palais, un musée, un baptistère, une place du même nom.

Après *St Pierre de Rome, St Jean de Latran* et *St Paul hors les murs* sont les églises les plus somptueuses et les plus grandes que nous ayons vues.

La place St Jean de Latran, autour de laquelle sont ces merveilleux monuments, voit s'élever à son centre l'obélisque le plus haut qui existe : il est en granit rouge.

La basilique, renferme une foule de reliques, notamment les crânes des apôtres St Paul et St Pierre.

Le palais, auquel la loi de garantie du 13 mai 1871 a accordé, de même qu'au Vatican, le privilège de l'exterritorialité, a été habité par les papes, depuis Constantin jusqu'à la translation du Saint-Siège à Avignon.

Le Musée est divisé en deux parties, l'une profane, l'autre consacrée à l'art chrétien ; la sculpture tient la plus grande place.

On y voit une statue de Sophocle, debout, trouvée à Terracina ; c'est, paraît-il, la plus belle pour la façon dont elle est drapée.

Le Baptistère, chapelle octogone où Constantin a été baptisé en 337, fut pendant longtemps le seul baptistère de Rome et le type des constructions de ce genre.

C'est la baignoire de Constantin qui servait aux immersions. Rienzi s'y est baigné dans le but de la profaner.

Le guide qui nous accompagnait nous fit assister à une expérience assez curieuse. Autour de l'intérieur du Baptistère sont plusieurs chapelles fermées par des portes de bronze provenant des thermes de Caracalla; l'une d'elles, en tournant sur ses gonds, rend des vibrations d'une belle sonorité et imitant à s'y méprendre celles d'un orgue d'église.

Une de ces chapelles est consacrée à saint Jean-Baptiste; il est interdit au sexe féminin d'y pénétrer. Désirant avoir l'explication de cette mesure exclusive, notre cicerone nous dit que c'est parce que ce saint doit sa décollation à une femme.

La femme de mon ami, dans une chapelle voisine, avise un homme décapitant une martyre, qui fut sainte Julienne (si je ne me trompe). Elle demanda au guide pourquoi les hommes avaient le droit de pénétrer dans celle-là.

La réflexion était juste et interloqua notre guide au

point qu'il ne sut que répliquer. Une autre chapelle a été consacrée à saint Venance, un saint qui porte un nom féminin.

A l'est de la place est l'édifice qui renferme la *Scala-Santa*, le Saint-Escalier, provenant du palais de Pilate à Jérusalem et que gravit, dit-on, Jésus-Christ. Il se compose de 28 marches. Il n'est permis d'y monter qu'à genoux.

Deux escaliers sur les côtés servent à redescendre. Dans le haut est la chapelle *Sancta-Sanctorum*. Je dois dire que nous montâmes par où... l'on descend.

L'après-midi, nous visitons les *Thermes de Caracalla*, ruines dont certaines parties sont assez bien conservées et qui présentent un peu l'aspect imposant du *Colisée*.

Nous passons devant l'*Arc de Drusus*, la *Porte Capena*, sur la route de Capoue, et nous arrivons à *Saint-Calixte*, qui nous avait été désignée comme possédant les plus importantes catacombes.

Quoique cette visite ne manquât pas d'un certain intérêt, nous fûmes désillusionnés.

Un Père, parlant très corréctement le français, nous servit de guide et nous montra les galeries souterraines aux côtés latéraux desquelles sont pratiqués les

« casiers » qui ont contenu les cerçueils. J'ai dit que sainte Cécile y avait été enterrée, de même que plusieurs papes.

Un peu plus loin se trouve l'église de Saint-Sébastien. On y voit une pierre sur laquelle sont les empreintes des pieds du Sauveur, ainsi qu'une des flèches du martyr, sous le vocable duquel est placée l'église, et le poteau où il fut attaché.

Poursuivant notre route, nous passons devant le tombeau de *Cecilia Metella*, l'*Aqueduc de Claude* et la chapelle de Mérode pour arriver à *Saint-Paul hors les murs*, la plus belle basilique, intérieurement, après Saint-Pierre.

Ses 80 colonnes de granit du Simplon, ses cinq nefs avec un transept, jointes à ses proportions énormes, donnent à cette église un aspect majestueux et grandiose dans sa simplicité. La façade à laquelle on travaille encore est toute en mosaïque byzantine.

Jeudi 17 Novembre. — Nous avions réservé cette matinée pour la visite de St-Pierre. En nous y rendant, Pacifico nous montre la fenêtre, décorée par Raphael, de la chambre qu'habitait la Fornarina, sa douce amie.

Tout y est colossal; chacune des chapelles latérales constitue à elle seule une église.

A la fin du xvii⁰ siècle, les frais de construction s'étaient déjà élevés à 235 millions, et 180.000 francs sont nécessaires tous les ans à son entretien.

Pendant que nous nous communiquons nos impressions, j'avise un confessionnal dans lequel un prêtre tient à la main une espèce de long bambou ressemblant à une canne à pêche.

Une femme passait à ce moment; arrivée sous la baguette, elle s'agenouille ; le prêtre abaisse son roseau et lui touche les deux épaules. J'interroge et l'on me dit que ce prêtre est un « pénitencier » accordant des indulgences plénières.

Sortant de Saint-Pierre, nous entrons au Vatican, le plus grand palais du monde, également, qui ne contient pas moins de 11.000 chambres, salles, chapelles, etc.

Toute l'histoire de la chrétienté est là.

Indépendamment des appartements pontificaux, le Vatican contient des musées de peinture et surtout de sculpture étonnants. Il n'y en a pas de plus beaux en Italie, assurément.

Nous entrons à la *Chapelle Sixtine*, aux remarquables fresques peintes par des maîtres florentins. Le plafond fut peint entièrement par Michel-Ange en 22 mois — 56o mètres carrés —, ainsi que la grande composition du mur du fond, représentant le Jugement dernier.

On raconte que le cardinal *Biagio de Cesena*, maître des cérémonies du pape Paul III, avait critiqué cette composition à cause de ses nudités.

Michel-Ange, pour se venger, donna au juge Minos, qui passe dans la barque à Caron, la physionomie du cardinal pudibond ; il le gratifia en plus d'oreilles d'âne.

Le cardinal se plaignit de nouveau au Pape, qui lui dit : « Si Michel-Ange vous avait placé en Purgatoire, je pourrais faire quelque chose pour vous, mais du moment que vous êtes en enfer, je ne puis rien. »

Nous visitons successivement les chambres et les loges de Raphaël qui contiennent des fresques sur la valeur desquelles il est inutile d'insister. Il consacra plusieurs années à la décoration du Vatican. Nous parcourons toutes les galeries de sculpture et de peinture, arrêtés à chaque instant par des chefs-d'œuvre du ciseau ou de la palette. Nous sommes restés en extase devant un groupe de Laocoon et de ses fils, merveilleux marbre qui rend la douleur avec un réalisme saisissant.

La « Maison militaire » du Pape se compose de :

1° Les Gardes-suisses, avec leur costume moyen âge, bandes de couleur jaune-noire-rouge ; autrefois ils portaient un costume moins disgracieux, dessiné par Raphaël, mais qu'on a délaissé.

2° Les gendarmes pontificaux, ressemblant assez aux Pandores français.

3° La Garde Palatine, sorte de garde d'honneur.

4° La Garde Noble portant un costume tirant sur celui des cuirassiers ; pour en faire partie, il faut posséder un titre nobiliaire.

En tout, environ 3oo hommes.

L'après-midi, nous montons au Capitole, non à la façon antique, mais en simples curieux.

L'ensemble des palais construits sur le mont Capitolin, d'après les plans de Michel-Ange, remonte à 1536 ; nous sommes loin de l'époque de la légende de *Remus* et de *Romulus*, de ce dernier qui, d'après la tradition, fonda Rome.

En souvenir de cette légende, le gouvernement actuel

a placé, à gauche de l'escalier du milieu qui accède à la place du Capitole, dans une cage, un loup et une louve qui n'ont pas l'air de se douter de la raison pour laquelle ils sont là. On aurait pu réserver une autre cage pour les oies, non moins célèbres et non moins légendaires.

Nous visitons les nombreuses salles des musées de sculpture et de peinture, qui se trouvent à gauche et à droite de la place et renferment, outre quantité de chefs-d'œuvre des maîtres italiens, des curiosités de toutes les époques de l'histoire romaine retrouvées dans des fouilles.

Il est fabuleux, le nombre d'objets artistiques que la terre a rendus. Chaque jour les fouilles arrachent à l'oubli de nouvelles merveilles.

On remarque au musée de sculpture une Vénus qualifiée « œuvre fameuse de la statuaire grecque », trouvée murée dans une maison de la *Suburra* — quartier excentrique de l'ancienne Rome.

Nous descendons du Capitole ; un jeune, tout jeune cicerone nous conduit à la Roche Tarpéienne — toujours pas à la façon antique. — Cette roche nous paraît une fumisterie inventée pour les besoins du... Capitole.

Nous aurons, à la fin de notre voyage, pu établir d'une façon irréfutable que les Italiens s'entendent à merveille pour faire ressortir les véritables et les pseudo-curiosités de leur pays.

Il m'est arrivé parfois d'avoir sur le bout des lèvres cette locution qu'ils ont mise en cours et qu'on aurait pu leur retourner, lorsqu'ils amplifiaient dans leurs démonstrations : *Se non e vero e ben trovato ;* mais ils s'exprimaient avec une telle apparence de conviction !

Nous nous dirigeons ensuite vers *Saint-Laurent-hors-les-murs*, l'une des *sept* églises de Rome que visitent les pèlerins.

Pie IX, un des derniers restaurateurs de cette église, y a sa chapelle et son tombeau encore inachevé, quoique déjà un des plus riches que nous ayons vus. On en continue la décoration au fur et à mesure du versement des souscriptions qui valent aux donateurs l'honneur d'avoir leur nom rappelé dans des parties *ad hoc.*

Un cimetière à galeries ouvertes, comme à Bologne, est attenant à l'église.

En regagnant la ville, nous admirons les ruines de *Minerva Medica* et la *Porte Maggiore.*

Vendredi 18 Novembre. — Nous revenons à *Saint-Pierre*, ayant appris qu'un cardinal devait officier dans la matinée. Nous trouvons peu de monde : quelques étrangers comme nous ; plus de curieux que de fidèles.

Nous assistons à la transformation d'un prince de l'Église, devant l'autel de la chapelle dans laquelle avait lieu l'office.

Pendant que ses camériers procèdent à sa toilette, l'orgue et le plain-chant s'accompagnent ou se donnent la réplique : ce spectacle est nouveau pour moi.

De là, nous allons au Palais Doria qui possède une fort belle galerie de tableaux, mais pour la plupart mal éclairés.

Nous remarquons : un portrait de Lucrèce Borgia et de Machiavel, de *Paul Véronèse ;* quatre Madeleines dans des postures différentes, de *Murillo*, de *Carlo Saraceni*, du *Titien* et de *Caracci;* quatre tableaux de *Breughel* ravissants et d'une grande finesse représentant les trois éléments et le Paradis terrestre.

L'après-midi, nous revisitons le musée de sculpture

du Vatican, la salle des merveilleuses tapisseries de *Raphaël*, et, en rentrant, le *Château St-Ange*, le colossal Mausolée qu'Adrien fit construire pour lui et ses successeurs.

Ce Mausolée, qui est actuellement un fort occupé par les soldats du roi Humbert, a servi de monument funéraire pendant près de quatre siècles ; une galerie met le *Fort St-Ange* en communication avec le *Vatican*.

Il n'y a pas longtemps, on pouvait voir encore les instruments chers à l'Inquisition, qui y a siégé.

On nous montre les *in-pace*, aux lugubres souvenirs.

Pie IX qui l'avait pourvu de défenses nouvelles s'en est servi pour la dernière fois le 20 novembre 1870, lors de l'attaque de la ville par les troupes de Victor Emmanuel.

Samedi 19 Novembre. — Le matin, repos nécessité par le surmenage des jours précédents.

A ce propos, notre amie prétend avec raison que sans ses nombreux escaliers, l'Italie serait le plus admirable pays du monde. Mais voilà, il y a des escaliers, et, si hauts !

3·

Mes amis sont toujours dans l'attente de l'autorisation demandée pour visiter certaines parties du Vatican, non accessibles à tous les mortels.

Reprenant notre course à travers les merveilles de l'Art, nous visitons l'après-midi le *Palais Rospigliosi* qui compte dans sa galerie le chef-d'œuvre de Guido : la fresque du plafond du premier salon représentant l'Aurore semant des fleurs devant le char du soleil, entouré des Heures.

De là, nous nous faisons conduire à la villa *Borghèse*, où ont été réunis dans douze salles les tableaux et les statues du Palais Borghèse, l'une des premières galeries de Rome avec celle du Vatican.

Le domaine de la villa n'a pas moins de 6 kilomètres de tour et se trouve tout à côté du *Pincio* dont j'ai déjà parlé.

Le gouvernement en a offert 48 millions pour la morceler et en faire un nouveau quartier ; ses offres ont été refusées.

En rentrant à l'hôtel, mes amis trouvent un pli de la chancellerie belge :

C'est une autorisation d'assister le lendemain matin, dimanche, à 8 heures, à un office pontifical et à une réception intime.

Ils en sont d'autant plus ravis qu'ils commençaient à désespérer de l'obtenir.

Une visite semblable comporte une tenue spéciale qui est celle-ci :

Pour les dames le vêtement entièrement noir, gants noirs et mantille noire attachée aux cheveux, à la mode vénitienne.

Pour les messieurs, l'habit, cravate blanche et chapeau haut de forme.

Comme moyen de transport, un landau fermé à deux chevaux.

On trouve facilement dans les hôtels de quoi se procurer, en location, mantille, habit, ou tout autre partie de ces vêtements de cérémonie ; l'ingéniosité italienne a tout prévu, car beaucoup de touristes se soucient peu d'emporter trop de bagages ; ceux-ci ne jouissent d'aucune franchise sur les lignes de chemin de fer, excepté ceux tenus à la main, et, dans ce cas, ils ne doivent pas dépasser certain volume.

Dimanche 20 novembre. — Je passe la plume à la femme de mon ami qui raconte ainsi la visite :

« Nous pénétrons avec la voiture par la porte de
« Bronze et arrivons, après un assez long trajet, dans
« une vaste cour où se trouvent gardes et Suisses en
« bon nombre.

« La voiture s'arrête devant un perron sur les marches duquel sont échelonnés des Suisses en grande
tenue avec leur hallebarde ; nous gravissons l'escalier
d'honneur et « des nobles » — 120 marches.

« Nous nous arrêtons au premier étage dans la salle
« Clémentine, où attendent des valets vêtus de noir
« et portant des culottes courtes.

« Ils nous aident à nous débarrasser, puis escortés
« de laquais habillés de soie rouge, nous traversons, plu-
« sieurs beaux salons, tapissés pour la plupart de da-
« mas de soie ; enfin nous sommes introduits par des
« dignitaires religieux, dans un joli salon où sont ran-
« gées vingt chaises, toutes tournées vers la porte fer-
« mée de l'oratoire privé de Sa Sainteté.

« D'autres dignitaires religieux, habillés de robes
« violettes, avec écharpe rouge, nous indiquent nos
places.

« A huit heures précises — heure de l'invitation —
« les portes s'ouvrent sur une seconde pièce très petite
« dans laquelle se trouve l'autel où le pape officie.

« Il nous apparaît presque immédiatement, vêtu
« de soie blanche.

« Il est très cassé, le visage est pâle, émacié, abso-
• lument diaphane ; il vous impressionne vivement
« par son air inspiré, éthéré ; il ne semble plus guère
« appartenir à la terre.

« Il nous bénit avec un goupillon, puis se prosterne
« sur un prie-Dieu et prie à haute voix pendant quel-
« ques instants ; après cela, trois prêtres en costume
« violet et aube blanche, l'habillent sur l'autel.

« Le St-Père dit ensuite sa messe ; nous constatons
« qu'il la dit avec lenteur et grande dévotion ; la voix
• est tremblante, vu son grand âge, mais encore forte.

« Vers la fin de la messe, il donne la communion
« aux personnes invitées, et la messe terminée, nous
« disons avec Lui des prières à haute voix. »

« Un prêtre dit ensuite une seconde messe que le
« Pape entend.

« Lorsqu'elle est terminée, on porte un fauteuil au
« St-Père qui s'y installe, et, au nombre de huit ou
« dix, nous lui sommes présentés deux par deux.

« Mon mari et moi nous nous agenouillons devant
« lui. Il nous donne son anneau papal à baiser et
« nous parle pendant quelques minutes avec la plus

« grande bonté. J'avoue qu'à ce moment mon émo-
« tion est si vive qu'il m'est impossible de répondre
« aux questions que Sa Sainteté nous pose avec dou-
« ceur et intérêt.

« Il se montre pour nous paternel, très doux, affec-
« tueux même. Il nous bénit en nous disant : « — Je
« vous bénis, vous et les vôtres, emportez ma béné-
« diction à Bruxelles, ma ville de prédilection, et
« transmettez-là à tous ceux qui voudront la rece-
« voir ».

« Lorsque nous l'avons prié de bénir les souvenirs
« religieux dont nous étions munis, il étendit la main
« et dit : Je les touche, il sont bénits !

« Nous sommes sortis du Vatican, satisfaits, heureux,
« et garderons toujours un souvenir ému et bon dé
« ce vieillard si simple dans sa grandeur. »

C'est notre dernière journée ; nous avons décidé de
partir demain pour Naples.

Nous allons au palais du Quirinal, ancienne résidence d'été des papes, actuellement habité par le roi
d'Italie ; sa présence au palais nous empêche de visiter
les appartements royaux ; nous nous rabattons sur la
salle des Suisses, les salons divers affectés à la diplo-
matie, aux réceptions royales, etc., etc.

Comme du Palais à la geôle, il n'y a qu'un pas, nous nous rendons ensuite à la prison *Mamertine*, située à côté du *Forum* sous la petite église St-Joseph.

C'est là, paraît-il que furent jetés St-Pierre et St-Paul avant d'être martyrisés ; c'est là aussi que moururent *Jugurtha* roi de Numidie, *Vercingétorix*, le vaillant gaulois et d'autres prisonniers de guerre.

Nous terminons nos visites par l'église des Jésuites et une promenade au Pincio ; la musique est absente car c'est aujourd'hui la fête de S. M. Marguerite, la reine d'Italie ; à cette occasion toutes les musiques militaires sont commandées pour jouer le soir sur différentes places.

Nous parcourons les principales voies de la ville, après le diner, pour jouir du coup d'œil des illuminations.

Tous les édifices publics, ainsi que beaucoup de maisons, sont pavoisés aux couleurs de la maison de Savoie ; ce matin le canon a tonné.

Aux palais particuliers, brûlent de longs cierges flanqués sur la façade, entre le rez-de-chaussée et le premier étage, et que retiennent des colliers en fer scellés au mur, destinés autrefois à recevoir la hampe d'un étendard.

La belle place Navone est bien illuminée; le Corso est presque impraticable.

Les soldats sont très « parades »

C'est une débauche de plumes, de plumets, et d'aigrettes ; jusqu'aux sergents de ville dont les chapeaux en sont couverts.

Les bersaglieri en ont leur espèce de pétase tellement garni qu'ils en sont aveuglés.

J'ai vu un colonel d'infanterie dont l'aigrette blanche avait au moins vingt-cinq centimètres de haut.

Comme le Calchas de l'opérette mais avec une variante, j'étais tenté de m'écrier : trop de plumes ! trop de plumes !

En petite tenue, certains agents de la force publique ont l'air du « petit caporal » ; il ne leur manque que la figure glabre, le front pensif et la mêche en virgule.

Hier, samedi, j'ai été terminer ma soirée au théâtre Valle. On jouait : *Paris fin de siècle*, en italien.

Belle salle, nombreux public, trois galeries à loges : troupe moyenne.

Je constate de rechef que l'on fume dans les théâtres et qu'il est permis de rester couvert dans la salle, lorsque le rideau est levée

Rome a réellement l'apparence d'une capitale par le mouvement et le confort que l'on y sent.

Les magasins sont fort beaux, les maisons élevées ; la plupart ont quatre, cinq et parfois six étages, même dans les quartiers habités par les travailleurs, par le peuple.

Les maisons sont énormes, voire celles habitées par la classe ouvrière, qui fait blanchir et sécher son linge aux fenêtres.

Ce n'est pas une exception, c'est la généralité.

Les rues sont sillonnées de prêtres séculiers et réguliers de tous pays et de tous ordres.

Les réguliers sont en très grand nombre et de nuances diverses,

Des séminaristes passent, tout en rouge, tantôt seuls, par deux, ou tantôt par groupes.

Les églises ne brillent généralement pas par leur façade qui ne répond guère aux somptuosités intérieures ; les chaises sont à peu près inconnues ; on les visite plutôt que l'on n'y va pratiquer ses dévotions.

Même pendant les services divins, on fait le tour des chœurs alors qu'à l'autel le prêtre officie.

Si le sacristain vous entreprend pour vous montrer les curiosités de son église, le pourboire est de toute rigueur ; il nous est arrivé que ne l'ayant pas trouvé suffisant, il nous ait demandé beaucoup plus. Les pourboires sont une plaie endémique, ainsi que les mendiants.

On constatera sans doute un jour que les enfants italiens, d'une certaine classe, viennent au monde la main tendue.

Les cochers prennent toujours leur gauche.

Ici, ce sont les marchands de tabac qui vendent le sel ; les enseignes portent : *Sale et Tabacchi.*

Dans certains hôtels — le nôtre par exemple — le matin, un moine ou une religieuse se tient dans le corridor, une bourse à la main, pour recueillir des aumônes : l'exemple vient de haut.

Rome est divisée en trois parties très distinctes :

Rome antique, ancienne et moderne.

Ainsi qu'à Milan et à Florence, beaucoup de rues n'ont pas de trottoirs ; lorsque deux voitures se croisent dans une rue étroite, on est obligé de se réfugier dans un corridor pour n'être pas atteint par les roues d'un des deux véhicules.

Peu de madones dans des niches et au coin des rues ; quant aux romaines, peu de jolis types.

Depuis 1870, Rome a presque doublé de population ; aussi la gêne est-elle assez grande parmi le peuple.

J'estime que, sans ses touristes, quantité de gens y seraient très malheureux.

Il serait oiseux de signaler toutes les fontaines, tous les monolithes, en un mot toutes les curiosités devant lesquelles une station d'une minute suffit.

Des trois cents églises, on ne visite aussi que les principales.

Il faudrait plusieurs mois pour jeter un coup d'œil sur tout ce que Rome contient de curieux. C'est une mine inépuisable offerte à l'archéologue, à l'historien, au « documenteur », au chrétien épris de son culte, à l'artiste, à tous ceux qui cherchent comme à tous ceux qui pensent.

Mais il nous faut poursuivre notre route.

NAPLES

NAPLES

Lundi 21 Novembre. — Nous quittons Rome, à 8 h. 20, en souhaitant retrouver à Naples la bonne chère de l'hôtel de la Minerve ; mais d'avance je puis dire que nulle part ailleurs nous n'avons apprécié la finesse d'une cuisine si éminemment... française, préparée par un chef... suisse.

De Rome à Naples, le voyage s'effectue par un temps splendide. Nous sommes dans les meilleures dispositions, charmés du trésor de souvenirs que nous emportons, des choses vues et de celles au devant desquelles nous volons.

Notre joie est complète.

Mais ne perdons pas de vue le paysage qui se déroule à nos yeux.

A droite et à gauche, la chaîne des Apennins, dont quelques sommets lointains sont recouverts d'une mince couche de neige qui ne résistera pas longtemps, du reste, aux ardeurs du soleil réellement très chaud.

Rien n'indique l'automne dans la végétation ; on se croirait au mois de mai, les arbres ont des tons foncés, mais nullement mordorés.

Les champs sont tout verts comme si une seconde récolte se préparait. Que nous sommes loin des frondaisons septentrionales de cette époque de l'année !

Les orangers couverts de leurs fruits d'or mat sont presque à portée de la main.

Des villages, en groupement serré, suspendus sur le flanc des rochers ou placés à leur sommet, donnent un relief piquant au paysage.

Nous passons à Capoue, la ville fondée par les Etrusques, qu'Annibal rendit célèbre, et à Caserte où l'on aperçoit l'imposant palais de Charles III, construit par Vanvitelli.

En nous approchant de Naples, où nous arrivons à 2 heures, je « découvre » le Vésuve que je crois reconnaître, comme Henri IV, à son panache blanc. C'est bien lui : le Vésuve s'entend.

Sortis de la gare, nous traversons tous les vieux quartiers où grouille, sale et déguenillée, une population très dense ; les maisons, les trottoirs, les rues, tout respire une malpropreté... napolitaine.

Peu à peu, le changement se produit et nous pénétrons enfin dans des quartiers plus habitables.

En route, notre omnibus est suivi par un marchand qui nous offre un bouquet de plus de soixante-dix roses : odorante bienvenue, émanations parfumées qui contrastaient singulièrement avec celles des quartiers cités plus haut.

Je l'offre à la femme de mon ami et je suis tout surpris de le payer... devinez... trente centimes.

Nous arrivons à l'Hôtel de la Grande-Bretagne qui possède une vue sur le golfe. Grâce à l'ascenseur de cet *albergo* (hôtel), nous consentons à loger au quatrième ; la vue n'en est que plus étendue et plus belle. Après avoir joui du panorama sans nous en rassasier, nous prenons une voiture et effectuons notre promenade traditionnelle d'orientation.

La rue de Tolède, viâ Roma, où les Napolitains tiennent leur corso, est très animée ; notre cocher nous conduit au *Pausilippe* où notre regard embrasse toute la ville.

.·.

Mardi 22 Novembre. — Les étrangers qui se rendent à Naples, la patrie de Salvator Rosa, n'espèrent pas retrouver dans la ville, les musées de Florence ni les églises de Rome, et, en cela, ils ont raison ; à l'évocation du nom de Naples vient s'ajouter immédiatement celui du Vésuve et de Pompéi ; c'est qu'effectivement, si la ville mérite une étude spéciale, ces deux excursions sont les plus beaux fleurons de sa couronne territoriale.

Nous débutons par le Vésuve.

Il n'y a pas encore longtemps, pour se rendre au sommet du cône, on y allait, partie en voiture, partie à cheval ou en chaise à porteur, partie à pied.

Aujourd'hui l'excursion s'effectue plus rapidement et surtout plus commodément.

L'Agence Cook a été autorisée à installer un funiculaire sur les flancs du mont, si bien que les moyens de locomotion sont à présent la voiture et le chemin de fer à montée oblique. Le prix du voyage est de 25 fr. par personne.

Le Vésuve est à 15 kilomètres de Naples ; sa base est environ de 40 kilomètres de circonférence ; son altitude de douze à treize cents mètres ; celle-ci varie après chaque éruption importante. La dernière eut lieu en 1872. La lave se répandit sur 5 kilomètres carrés, formant une couche de 4 mètres. Les dégâts furent considérables et atteignirent surtout le village de S. Sebastiano ; il y eut une trentaine de victimes. Les deux tiers étaient des curieux.

A dix heures du matin, nous montons dans la victoria de l'Agence, attelée de trois chevaux, et... en route pour le Vésuve.

Le temps nous favorise toujours.

Nous mettons 4 h. 25 m. pour parvenir au funiculaire.

Nous traversons Portici — sans voir la muette, — et Résina, deux petites villes de près de 12.000 habitants, bâties sur Herculanum, que des éruptions successives couvrirent depuis l'an 79 d'une épaisseur de lave qui varie de 12 à 30 mètres.

On eut connaissance de l'existence des ruines en 1719, en creusant un puits. Ce qu'on a pu en dégager est, relativement à Pompéi, presque insignifiant et ne se voit qu'à la lueur des torches.

La population de Portici et de Résina est très dense ; elle n'est guère plus propre que la population de certains quartiers de Naples. On n'a pas idée d'une telle saleté en France, encore moins en Belgique.

Après être sortis de Résina, notre victoria tourne à

gauche et nous commençons l'ascension du mont Vésuve par une route assez carrossable, mais qui bientôt sera taillée dans la lave.

Nous entendons tout à coup pincer une corde de mandoline, nous nous retournons pour constater que nous sommes suivis de près par six mandolinistes et guitaristes, dont l'un entonne le *Funiculi-Funicula;* ils nous jouent ensuite l'air du jardin de *Faust* et un air de *Rigoletto.*

Cette conduite symphonique n'est pas pour nous déplaire, au contraire; mais comme il ne faut abuser de rien en Italie, nous leur jetons quelque monnaie pour leur éviter la peine de venir la chercher plus haut.

Cette ascension m'a laissé une impression qui ne s'effacera jamais.

Jusqu'à trois ou quatre cents mètres d'altitude, des deux côtés de la route, les enclos de pampres se succèdent, la végétation est même vigoureuse.

C'est là que se récolte le vin de *Lacryma-Christi;* les habitants, aux haltes de la voiture, viennent nous en offrir, avec une insistance qui n'a d'égale que leur désir de... l'écouler.

Nous le goûtâmes, mais pas en aussi grande quantité que l'eussent voulu ces braves gens. On n'est pas tonneau!

Peu à peu, le paysage change ; le sol, de verdoyant qu'il était, devient brun-clair, puis foncé ; les riants enclos ont fait place à une nature morne, désolée ; plus une herbe, plus une fleur, plus un oiseau ; partout, autour de nous, un recueillement funèbre.

Devant nous, une mer de différentes laves, tordues, contorsionnées, formant des cônes bizarres, surplombant des crevasses à arêtes fantastiques, affectant les aspects les plus inimaginables.

C'est le mont maudit.

Le cœur se serre et des sensations tristes vous assaillent.

Comme antithèse, en tournant les regards du côté du golfe de Naples, on peut admirer un tableau incomparable dont l'horizon s'élargit davantage au fur et à mesure que l'on monte.

Nous voici à l'Ermitage, ancienne halte, près de l'Observatoire, hardiment campé entre deux vallons, l'un en partie indemne, l'autre en partie comblé par la lave de la dernière éruption ; bientôt après, nous descendons à la station du funiculaire.

La station se compose de quelques bâtiments, y

compris une hôtellerie appartenant à la Compagnie Cook, légèrement édifiés, quoique pourtant solides.

Aujourd'hui tout cela est debout !

Nous nous installons dans l'unique wagon et nous montons doucement vers... l'enfer; quinze minutes plus tard nous sommes arrivés, ayant rencontré à moitié route, et descendant, l'autre voiture qui fait contre-poids à celle qui s'élève.

Les guides — qui répondent de votre vie sur la leur — vous attendent et vous précèdent; ce n'est qu'après dix minutes de marche que vous atteignez enfin la plate-forme du cône, au centre duquel se trouve le cratère, trou béant d'environ 200 mètres de circonférence.

Nous nous sommes approchés à sept mètres de son bord, mais avant d'y arriver la route, quoique courte, a été réellement pénible.

Ce jour-là, le vent soufflait du N.-E. rabattant le panache du cratère de notre côté.

Nous marchons dans un nuage de vapeur d'eau, de soufre et de fumée. Nous sommes contraints de nous mettre le mouchoir sur le nez et la bouche. Nos yeux pleurent et nous toussons fort; bref, nous marchons à l'aveuglette.

Le guide nous rassure et nous donne la main.

De petites colonnes de fumée s'échappent de trous qui communiquent avec l'intérieur du cratère.

Notre guide appelle cela des *fumaroli*.

Il y en a tout autour de nous.

En approchant l'oreille de ces embouchures, on distingue parfaitement un remue-ménage souterrain peu propre à vous rassurer.

Le sol est chaud.

En le grattant, le soufre apparaît.

A de certains endroits, il est de toute impossibilité de tenir la main contre la croûte de cendre durcie sur laquelle on marche.

Les personnes trop impressionnables passent parfois de vilains quarts d'heure ; car, à dire vrai, tout cela est bien terrifiant, si l'on y réfléchit.

Quand on songe qu'il ne faudrait qu'un haussement « d'épaule » du monstre pour être précipité dans son antre, on n'est rien moins qu'à la fête.

Depuis la dernière éruption, le cratère s'est abaissé de plusieurs mètres.

Il s'est dévoré une partie de la tête, tandis que le mont *Somma*, le frère du Vésuve qui s'élève de l'autre côté du vallon N. O. qui les sépare, s'est rongé, lui, jusqu'à la ceinture.

Ses victimes sont Pompéi et Herculanum. Il est inexact de croire que c'est le Vésuve qui a englouti ces deux villes ; comme je le dis plus haut, le *Somma* est seul coupable de leur destruction complète.

Sur Pompéi, il a vomi pendant trois jours et trois nuits de la cendre et de la pierre ponce en feu, tandis que Herculanum a été enseveli sous une coulée de lave qui, en refroidissant, a formé une espèce de pierre appelée tuf. Herculanum est à jamais couché dans son manteau durci.

Nous écartant un peu de la direction du « panache », nous pouvons contempler plus à l'aise le panorama qui se déroule à nos yeux du haut du Vésuve :

Au nord, toute la plaine campanienne avec Capoue, Caserte, et, tout au fond, les Apennins ;

Allant de l'est à l'ouest, un arc formé par le golfe de Naples, dont les deux extrémités sont *Sorrente* et le cap *Misène* ;

Devant *Sorrente*, l'île de Capri ; devant le cap Misène l'île d'Ischia ;

A nos pieds, un peu à l'ouest, Naples bâtie en amphithéâtre ;

Au sud, le golfe, aux flots bleu de saphir, nous

apparaît comme encadré de mousseline blanche, effet produit par le brouillard qui l'enveloppe.

Il faut pourtant se décider à descendre et à s'arracher à ce spectacle féerique et vraiment grandiose.

Nous re-pleurons, re-toussons et re-descendons par le funiculaire.

Nous sommes hors de danger !

Nous n'avions pas vu de lave ignée, elle manquait à notre satisfaction.

Si le Vésuve n'est pas toujours en éruption, ce n'est pas qu'il sommeille ; il est constamment en éveil et manifeste son existence en des expansions calmes et continues de matières incandescentes.

On me proposa de me conduire à un endroit où je pourrais satisfaire ma curiosité.

Ayant eu le soin de me munir de mauvaises chaussures, j'y consentis, et me voilà, accompagné d'un guide, contournant le mont dans la direction du nord.

Après une chevauchée au pas gymnastique de vingt-cinq minutes, sur un torrent fantastique de scories qui criait en s'effritant sous les pas et dont les formes biscornues et les tons couleur de nuit eussent ravi l'imagination d'Edgard Poë ou d'Hoffmann, nous arrivons devant une coulée de lave en ignition dont les masses s'accumulent toujours en se poussant.

Un *facchino*, qui s'était joint à nous pendant le parcours, prend de la lave avec un bâton et y incruste des sous.

On emporte ensuite cette lave refroidie comme souvenir.

Le soir, de certains points de Naples, on aperçoit cette lave formant dans les ténèbres d'immenses orbites de feu.

Nous rentrons à la nuit; de loin la ville semble, avec ses lumières tirées au cordeau, avoir le cou entouré d'un collier de ce joli corail dont elle offre de si gracieux spécimens aux étrangers.

On pourra s'étonner que les flancs du Vésuve soient garnis d'habitations, nous en avons été surpris nous-mêmes.

Ce qui nous a le plus frappé, c'est que les employés de la Cie Cook logent là-haut.

Questionnés par nous sur les dangers qu'ils pouvaient courir, ils ont répondu qu'ils ne se les dissimulaient pas, mais qu'ils y restaient malgré cela.

Il leur arrive parfois d'être réveillés par les cris plaintifs des animaux domestiques qui vivent avec eux et qui ont le don de pressentir le danger. Presque chaque fois que cela se produit, des oscillations du sol font éclater des vitres en morceaux, renversent les objets des étagères, les prévenant ainsi de se tenir sur leurs gardes.

Tout le personnel se lève alors, s'habille, allume des torches et s'apprête à fuir, si le danger augmenté.

La plupart du temps ce sont de fausses alertes mais, dieu! qu'on doit mal dormir si près de cet incommode voisin.

Mercredi 23 Novembre.— Le matin, à 9 heures 1/2, nous partons pour Pompéi en voiture.

Nous traversons de nouveau Portici, Résina, mais nous continuons devant nous, en passant par Torre del Greco et Torre dell' Annunciata, la route qui longe le golfe et que nous trouvons toute dallée jusqu'à Pompéi. Elle s'allonge ainsi probablement jusqu'à Castellamare et Sorrente.

Ces routes sont les premières que nous voyons pavées de dalles en tuf; c'est un vrai luxe; par exemple, elles sont médiocrement entretenues, car à bien des endroits des morceaux manquent; or, il faut toute

l'habileté des cochers napolitains pour que les acci-
dents ne soient pas plus fréquents.

Torre dell' Annunciata est réputé pour ses pâtes
dont les italiens en général et les Napolitains en particulier sont si friands et font une si grande consommation ; les classes inférieures surtout.

Sur les deux côtés de la route, dans la traversée de la
ville, nous remarquons des centaines de tréteaux dis-
tants les uns des autres de trois mètres environ.

Sur ces tréteaux sont posés horizontalement quatre
roseaux d'où pendent les pâtes pour sécher. Ce sont de
longues franges dorées aux tons plus ou moins foncés,
selon la qualité du produit, qui se présente sous la
forme de lazagnes, macaronis et vermicelles. Ce vermicelle est un peu gros et s'accommode ici à l'instar
du macaroni.

Vu d'ensemble l'effet de ces tréteaux, ainsi garnis,
est très curieux ; ils se multiplient sur une longueur de
près d'un kilomètre.

Nous arrivons à Pompéi à 11 heures 1/2,

Déjeuner. Notre repas est dérangé par un essaim de
mouches dont la présence nous surprend à cette époque de l'année, et agrémenté par contre, de « trouba-
dours » ambulants qui chantent fort agréablement des

« canzone » napolitaines. Pompéi est le nom de la ville
en ruines.

Quelques habitations, au nombre desquelles plusieurs hôtelleries, constituent seules l'agglomération
actuelle.

Il y a environ 2000 ans que la ville a été couverte et
150 ans que les premiers déblaiements ont commencé.
On estime que la moitié seulement est à jour et qu'il
faut encore 79 ans et 5 millions pour dégager le reste ;
les recettes sont environ de 40,000 francs par an, l'Etat
exploite lui-même ces ruines.

Si vous prenez un guide qui ne soit pas officiel, ce
qui est permis, pendant la visite qui dure trois heures,
vous êtes surveillé à distance par un employé de l'État.
On a dû recourir à cette précaution en raison des nombreux souvenirs gratuits que se plaisaient à emporter
les touristes « économes ».

L'entrée est de 1 franc par personne ; les chaises à
porteur se paient 3 francs l'heure.

Rien n'est attrayant et triste à la fois comme la promenade à travers cette ville, autrefois animée, aujour-
d'hui silencieuse.

C'est toute la civilisation païenne qui se dresse
devant ces pans de mur vermillonnés, ces colonnes en

stuc, ces maisons construites dans l'ordonnance de l'époque et dont la tradition s'est interrompue depuis des siècles et des siècles.

Où trouver un document plus fécond et plus profitable à la reconstitution de l'histoire de ce temps ? Les usages, les mœurs, la vie complète enfin de ce peuple se reconstitue par tout ce que les fouilles ont mis à découvert.

Grandes ou petites, toutes les maisons étaient construites à peu près sur le même plan.

Parties couvertes, parties à ciel ouvert.

Les pièces principales étaient : le *Vestibulum*, corridor d'entrée ; l'*Atrium*, première cour, le *Tablinum* où se traitaient les affaires et le *Peristilium*, au centre duquel se trouvait un bassin, contenant des poissons d'agrément, entouré d'un petit jardin ayant pour limite les colonnes du péristyle ; c'est là que se tenait la famille, aux heures de repos et de récréation ; enfin l'*œcus*, salle de société. Toutes ces pièces principales sont en enfilade ; à droite et à gauche, salle à manger, chambres à coucher, très petites et peu aérées, cuisine, etc. Les esclaves habitaient surtout au premier étage.

De nos jours cela ne se passe pas ainsi.

Les rues de Pompéi sont étroites et bordées de menus

trottoirs; elles sont dallées également et, à leur entrée, de grosses pierres fichées en terre semblent en interdire l'accès aux attelages de chevaux.

Cependant de long sillons, aux empreintes déprimées dans les dalles des rues, attestent le passage de véhicules.

Ceux dont les pompéiens se servaient devaient être, aux chars des arènes, ce que sont les wagonnets d'usine aux wagons des larges voies.

Les pompéiens d'ailleurs attelaient le plus souvent des esclaves à leurs chars.

Comme les égoûts étaient inconnus à Pompéi, ces grosses pierres aux entrées des rues permettaient aux piétons, les jours de pluie, alors que la chaussée était transformée en petit torrent, de passer d'un trottoir à l'autre.

C'était une sorte de gué.

Au seuil de plusieurs maisons, on lit le mot : *salve*, inscrit en mosaïque.

Les enseignes consistaient surtout en objets sculptés au-dessus de la porte d'entrée et rappelant la profession de l'exerçant.

Il y en a de particulièrement indicatrices !

Comme peinture, des fresques, naturellement; on en a

conservé quelques-unes sur place, le plus grand nombre a été transporté au musée de Naples.

Nous visitons différents temples, forums, thermes, théâtres, maisons particulières, et nous finissons par la visite des tombeaux.

Avant de parcourir les ruines, on nous avait fait entrer dans un musée composé d'une petite quantité d'objets de toute sorte trouvés un peu partout.

Nous y avons vu des pains, légèrement rassis, presque dix-neuf fois séculaires, retrouvés dans le four d'un boulanger.

Dans des vitrines, une douzaine de cadavres humains en des attitudes différentes.

Voici comment ils se sont, de la sorte, conservés.

Près de 2000 habitants ont été surpris par l'éruption. Les uns se sont sauvés à la première alerte ; les autres, en voulant emporter leurs objets précieux, ont d'abord été étouffés par les vapeurs de soufre, ou brûlés par la cendre qui a continué à les recouvrir. L'eau bouillante lancée ensuite par le cratère a coagulé la cendre et la pierre ponce, de façon à former enveloppe ; les corps ont été pour ainsi dire moulés.

On en a reconstitué les formes, en mettant infiniment de précaution dans les recherches et en coulant par la partie la plus élevée, du plâtre liquide dans l'intérieur des corps.

Le dégagement ensuite n'était plus qu'une question de patience et d'habileté de main.

Nous revenons ravis de cette excursion dans l'antiquité.

Jeudi 24 novembre. — La journée est consacrée à la côte ouest du golfe de Naples.

La première station est le Pausilippe, colline où se trouve une grotte qui n'est en définitive qu'un tunnel d'un kilomètre ; il date du temps des romains.

Sur cette colline s'élève un tombeau que l'on dit être celui de Virgile.

Gaëtano, notre cocher — un vrai type — roule sur la chaussée qui mène à Bagnoli lorsque son cheval s'abat ; un des brancards se brise et nous voilà en panne.

Heureusement, une voiture de la même écurie qui rentrait à Naples nous croise à ce moment. Nous montons dedans, nous lui faisons rebrousser chemin et c'est la nôtre, avariée, qui revient à la ville,

Nous reprenons notre excursion vers la grotte du

chien, en face du lac d'*Agnano*, ancien cratère transformé en lac, et depuis desséché.

Toute cette contrée, appelée les champs Phlégréens, est volcanique ; de nombreuses éruptions s'y sont produites à différentes époques, ce qui explique la quantité de ruines que l'on rencontre à chaque pas.

La grotte du chien est une des preuves « vivantes » que toute cette partie de la côte est sous l'impression directe de quelque masse souterraine en ignition qui attend son heure pour manifester son mauvais « caratère » — comme dirait le marseillais.

Arrivé à l'entrée de la grotte, où l'on est tenu de rester, et pour cause, le guide nous fait remarquer au ras du sol une couche de gaz acide carbonique qui s'élève à 30 ou 40 centimètres et dont la démarcation est aussi nette que si elle était tirée au cordeau.

En avançant sur le seuil de la grotte, on sent comme une chaleur douce qui vous enveloppe le bas des jambes.

On plonge dans cette atmosphère un chien qui n'y est retenu que de quinze à vingt secondes. Il ne semble pas à l'aise dans ce bain de gaz délétère et manifeste tous les signes d'un commencement d'asphyxie.

On le rejette ensuite hors la grotte ; il s'affale, cherchant à reprendre vie ; son supplice finit bientôt car l'oxygène a remplacé l'acide carbonique introduit dans ses poumons. Il se relève et gambade comme si rien ne s'était passé.

Les deux ou trois chiens attachés à la grotte se prê-tent très bien à l'expérience. Comme des acteurs ils sont conscients de leur rôle et témoignent d'une aveugle confiance dans leur metteur en scène.

Une torche allumée plongée dans la couche bleutée d'acide carbonique s'éteint instantanément.

Quatre ou cinq jours avant l'éruption du Vésuve, les gaz se retirent, et sitôt l'éruption terminée, ils repa-raissent avec un bruit souterrain semblable à une forte détonation.

Poursuivant notre route, nous traversons Bagnoli, station thermale au bord du golfe, et nous arrivons à Pouzzoles.

De nombreuses ruines attestent l'état florissant de cette cité dans l'antiquité.

C'est de Pouzzoles que l'on se rend à la Solfatare en longeant un chemin mal pavé qui monte constam-ment.

Les points de vue sur le golfe sont nombreux.

Nous sommes importunés par un guide qui, s'obstine à nous offrir ses services et nous accompagne malgré nous.

En entrant à la Solfatare, je me vois obligé de le rabrouer d'importance, il s'éloigne.

La Solfatare est un emplacement circulaire entouré de collines en amphithéâtre; la végétation y est luxuriante.

Nous cueillons du myrte qui croît en abondance.

Le sol sur lequel on marche, a la sonorité d'une voûte, on en fait l'expérience avec une grosse pierre qu'on lance sur le chemin.

Nous marchons, comme au Vésuve, sur la croûte d'un volcan; on le suppose éteint, en dépit des « fumaroli » que l'on distingue, aux flancs crevassés des collines.

Dans une des parties de ces collines, est une large anfractuosité d'où s'échappe constamment, avec un bruit de piston de locomotive, une grande gerbe de vapeurs sulfureuses.

Un homme se glisse en rampant, à un ou deux mètres de l'entrée de cette espèce d'antre diabolique, et en revient avec des pierres sulfureuses et arsenicales, dont la chaleur est telle qu'il est impossible de les garder dans la main, du moins pendant quelques minutes.

Dans les environs, outre le stuc, on fabrique la pouzzolane, qui est une terre volcanique propre à faire un mortier indestructible.

On trouverait peut-être là le secret du fameux ciment romain dont la solidité résistait aux épreuves du temps.

Une heure après, nous sommes installés dans une hôtellerie, au bord du golfe et en face du lac Lucrin, réputé pour son poisson (*la spigola*) et ses huîtres.

Le paysage nous enchante; les huîtres sont délicieuses.

Nous continuons notre voyage, visitons plusieurs ruines, entr'autres, un temple de Mercure. Quelques Napolitaines s'offrent à danser la tarentelle. Nous ne trouvons pas dans ces pirouettes et ces déhanchements la grâce et l'originalité que nous espérions : c'est une déception.

Nous traversons *Baïes* et *Bacoli*, regardant de tous nos yeux cette contrée bienheureuse dont les aspects changent constamment; nous goûtons les douceurs d'une température printanière.

Avant de revenir sur nos pas, nous poussons jusqu'à la *Piscina Mirabilis*, réservoir d'eau établi à l'extrémité de l'aqueduc Julien, long de 71 mètres et large de 27 mètres, avec un plafond voûté reposant sur 48 gros piliers; nous parcourons l'aqueduc souterrain dont l'aspect est grandiose mais peu rassurant.

Un petit bonhomme fort amusant nous sert de guide; il a une façon de faire claquer la langue et, à la fois, de hocher la tête et de remuer l'index, qui nous fait beaucoup rire.

Il fut moins drôle quand il refusa nos sous français.

Au retour de notre visite à la *Piscina,* nous fumes assaillis par des bambins et des femmes qui en voulaient à notre billon... italien. Dans la même journée, on refusa notre argent français.

Nous atteignons le cap Misène, c'est-à-dire la pointe ouest du golfe de Naples : nous avons en face de nous les îles de Procida et d'Ischia.

Nous restons un instant en contemplation devant le panorama.

Nous revenons à Naples par le même chemin.

Le paysage nous semble de plus en plus beau; mais il manque à ce décor les villas et les palais où les césars-dieux venaient se reposer avec leurs courtisans.

Le soir, nous demandons à Gaëtano de nous conduire à la Porte basse que les étrangers se feraient un scrupule de ne pas visiter. C'est une des rues les plus typiques de Naples pour la saleté, et aussi pour son assemblage d'éventaires, de haquets, où se débitent les choses les plus hétéroclites, les denrées les plus diverses et les moins ragoûtantes.

Indépendamment de ce spectacle, nous assistons à une des séances de gloutonnerie que de jeunes lazzaronis pratiquent à l'esbaudissement des touristes.

Nous avisons un marchand de macaroni, au milieu de ce Capharnaüm alimentaire et prions Gaëtano de s'arrêter devant.

Nous donnons quatre sous à l'intéressant industriel, majestueusement campé derrière ses marmites ; Il y plonge une écumoire, ramène un écheveau confus de macaroni — plutôt de gros vermicelle — qu'il dépose sur un plat, saupoudre de parmesan et complète enfin d'une cuillerée de sauce de *pommi d'oro* (tomate).

Il renouvelle deux fois cette opération, la portion, très copieuse, ne coûtant que deux sous, et aussitôt nos deux jeunes gaillards, à pleines mains et en faisant des grimaces, s'empiffrent avec une voracité étonnante.

On peut recommencer *ad libitum*, car je crois qu'ils sont insatiables !

Vendredi 25 Novembre. — Visite à la Cathédrale sous le vocable de saint Janvier (S. Gennaro), patron de Naples, bâtie sur l'emplacement d'un temple de Neptune.

Le tabernacle du maître-autel contient deux vases renfermant le sang du saint, martyrisé sous Dioclétien ; ce sang, au dire des croyants et du sacristain, se liquéfie le jour de la fête de saint Janvier.

Ce saint a sa statue sur le pont della Maddalena, situé sur la route de Portici. On l'invoque pendant les éruptions du Vésuve. Il possède, à son actif, des miracles qui ont trait à la suspension d'éruption, sur son intercession.

Il n'y aurait rien de surprenant à ce que les Napolitains eussent choisi *saint Janvier* pour leur patron, celui-là ayant aussi une vague corrélation avec les étrennes, auxquelles ils ont voué un culte très passionné.

Quoi qu'il en soit, les Napolitains ont une grande foi en leur patron, de même qu'ils croient, sans être très religieux, aux vertus des scapulaires, des amulettes, etc.

Saint-François de Paule, une autre église, ressemble

un peu, oh! bien peu! avec ses colonnades autour de la place, à Saint-Pierre de Rome.

Après avoir obtenu l'autorisation de visiter les palais royaux, nous parcourons la ville.

Ici, sous des arcades, un écrivain public, assis devant une table garnie de paperasses, attend le client illettré qui viendra demander de lui rédiger une supplique, un poulet amoureux ou bien une lettre d'affaire.

Là, une cuisine fume en plein vent.

Une marchande de sous calcule devant son petit comptoir au coin d'une rue.

Une corde d'étoupe, longue de plus d'un mètre, en tresse, brûle à la porte d'un bureau de tabac, à l'usage des passants.

Une femme, en train d'en peigner une autre sur le bord du trottoir, lui cherche les poux.

Nous avons appris que c'était une profession.

Et une foule d'autres bizarreries qu'il serait trop long d'énumérer!

Le soir, les marchands d'écaille(1) vous harcèlent dans la galerie Humberto. Ils finissent le plus souvent par vous colloquer leur marchandise; ils sont insinuants au possible et paraissent vous donner presque pour rien une marchandise qu'ils vendent à sa valeur réelle.

Leur truc, c'est de la coter tout de suite cinq ou six fois plus qu'elle ne vaut.

Ils sont habiles jusque dans la mendicité. Le premier soir, dans la même galerie, nous sommes accostés par une fillette de huit à neuf ans qui, sur un ton plaintif et suppliant, nous exhale en nous suivant un « Mort' de de fam ! » (c'est ainsi qu'elle prononçait).

Comment ne pas s'apitoyer ?

Nous la secourons d'une pièce de monnaie, pensant la voir courir chez le premier boulanger.

Point du tout ! En nous quittant, elle se dirige vers un autre groupe et recommence sa petite comédie de la faim ; nous l'avons observée chaque jour, c'était la même mélopée ; seulement nous ne nous sommes plus laissés prendre à son Mort' de fam ! seule phrase française probablement que ses parents lui eussent apprise.

L'après-midi, nous allons à San-Martino où se trouve le plus admirable point de vue de la ville de Naples.

Il y a là aussi une Chartreuse fort belle et un musée fort laid, qui est composé d'objets d'une valeur médiocre et n'a d'autre raison d'être que son prix d'entrée, l'État ayant besoin d'argent.

Le musée contient pourtant deux choses qui méritent l'attention : d'abord, une grande composition en cire formée d'une foule de petits personnages, œuvre de talent et surtout de patience ; ensuite, une statue assise, en cire également, du père Rocco.

Quel était ce père Rocco?

Un père Chartreux à qui l'on doit l'éclairage de la ville, et voici comment :

Naples, à l'époque où vivait le père Rocco, était infesté de vide-goussets, malandrins, détrousseurs, qui, aussitôt la nuit venue, transformaient la ville en forêt de Bondy.

Maintes fois, on avait échoué dans des tentatives d'éclairage.

Connaissant la superstition des Napolitains, le père Rocco imagina de placer un lumignon devant chacune des madones qui ornaient les angles des rues.

Les Napolitains (les malandrins) n'osèrent toucher à ces veilleuses, craignant de commettre un sacrilège. A mesure que les ténèbres se dissipèrent aux carrefours, les attaques nocturnes diminuèrent.

Aujourd'hui Naples est une des grandes villes de l'Europe les mieux éclairées, pourtant les « vide-goussets » n'ont pas complètement disparu.

Nous redescendons San-Martino, précédés un instant d'une sonnerie d'artilleurs, pour remonter ensuite à Capo di Monte, où se trouve un palais royal que nous parcourons dans toutes ses parties : musée, appartements, salle d'armes, etc.

Notre guide nous fait remarquer une magnifique chambre, tout en faïence de Capo di Monte, ainsi que le berceau offert par la ville au prince de Naples.

Le concierge de ce palais nous a bien amusés. Quand je lui remis notre autorisation, il prit un air solennel et nous dit en scandant ses mots : « Quand j'aurai apposé mon cachet sur cette autorisation, vous pourrez visiter tout le palais. »

Nous avons failli croire que c'était le premier ministre du roi qui se déguisait en concierge pour avoir le plaisir de recevoir lui-même les touristes au nom de son auguste maître. Toutes réflexions faites, commençant à traduire le napolitain, nous avons pensé que sa phrase voulait dire :

Ne m'oubliez pas, c. v. p. (*ci vi piace*).

Effectivement, il accepta le pourboire que je lui mis dans la main, avec une expression de physionomie pateline que je n'oublierai jamais.

Nous rentrons à l'hôtel par une pluie battante.

Samedi 26 Novembre. — Nous voici à notre dernier jour.

Nous nous sommes vus obligés de nous séparer de notre Gaëtano, qui devenait indiscret et encombrant.

Malgré les pourboires dont nous le gratifiions chaque soir, il avait mis dans ses projets de nous rançonner, par persuasion.

Du haut de son siège, il se retournait pour se mêler à notre conversation. Il nous comptait maint épisode de son existence et, lorsque nous mettions en doute son récit, il nous donnait sa parole de « galant'uomo », tout comme un personnage de qualité.

D'autres fois, pour nous assurer de sa « bonne enfantise », comme disait M. E. Legouvé, il riait bruyamment de toutes ses vilaines dents.

Plusieurs fois il nous parla des *compliments* que ne manquaient pas de lui « remettre » les étrangers et particulièrement les français qu'il avait eu le plaisir de servir quelques jours.

Nous ne devinâmes pas tout de suite le sens de ces compliments.

Or, les napolitains entendent par ce mot: *compli-mente*, des cadeaux.

C'était l'objet des dernières préoccupations de Gaë-tano.

Bénévolement, je lui avais promis des compliments. J'étais de bonne foi. Par malheur si nous étions d'accord sur le terme, nous ne l'étions pas sur la chose.

Il avait jeté son dévolu sur mon chapeau et sur une jolie couverture de voyage de mon ami ; nous trouvâmes qu'il aimait trop les « compliments » ; pour nous débarrasser de ses importunités, je dus quasi me fâcher ; devant cette attitude ferme il se ravisa.

Les cochers de Naples sont tous de cet acabit. Il faut les mener durement pour qu'ils restent à peu près convenables.

Dans la matinée, nous allons visiter le Musée National. Il renferme des milliers d'objets arrachés aux fouilles de Pompéi, d'Herculanum, de Stabies et de Cumes.

Au point de vue des souvenirs étrusques, ce musée est documenté d'une façon unique.

Presque toutes les curiosités, statues, fresques, peintures, faïences, bronzes, etc., appartiennent à l'art païen.

L'après-midi, nous visitons l'aquarium, situé, Villa Nationale, en face de notre hôtel.

Belle collection du monde sous-marin ; remarqué des murènes qui servaient autrefois aux divertissements cruels des romains.

Nouvelle promenade à la porte basse et vers cinq heures, rue de Rome, où nous croisons à plusieurs reprises le prince de Naples, l'héritier présomptif.

Le soir, nous dinons, rue de Tolède, dans un restaurant très convenable dont l'entrée est plus que malpropre ; cela choque les septentrionaux, mais c'est dans le ton de la ville.

On nous a servi, à ce diner, des anchois frits et des crevettes frites, celle-ci présentées sur la carte sous le nom fallacieux d'écrevisses.

Le soir, dernière promenade à la Galerie Humberto, absorption de vénitiennes, « consommation composée par parties égales de chocolat et de café. »

Nous quittons Naples demain matin, à 8 h. 3o.

Au point de vue des mœurs, de l'étude des caractères, c'est bien la ville la plus intéressante de l'Italie.

Quelle psychologie étrange ne découvrirait-on pas sous ces haillons du peuple napolitain, si l'on pouvait pénétrer plus avant dans l'intimité de ses demeures.

Dans son langage particulier, Gaëtano, notre guide

et cocher, nous disait : « Quand le napolitain trouve à manger, il mange ; quand il trouve à travailler, il travaille ».

Quelle insouciance ! Quelle philosophie spécieuse !

Naples comptant quatorze quartiers aux dialectes différents, cela ferait supposer que ces sages ne se comprennent pas toujours. Un point sur lequel ils s'entendent, c'est celui qui a trait à l'exploitation du touriste.

Insinuant, rampant, obséquieux, madré et collant, le napolitain, de ce côté, est un être complet et complexe.

Si Rome n'a pas de balcons à ses maisons, en revanche toutes celles de Naples en sont pourvues.

Nonobstant toutes ses « verrues » endémiques, Naples est extrêmement curieux.

PISE

PISE

Dimanche 27 Novembre. — Partis à 8 h. 3o du matin par une température un peu moins clémente.

Nous repassons par Rome que nous contournons ; nous adressons un dernier adieu à la capitale de la chrétienté et longeons, en nous dirigeant vers le Nord-Ouest, toute la côte de la mer Tyrrhénienne.

Au cours de cette journée, nous nous repaissons de panoramas qui changent à chaque instant.

.*.

Lundi 28 Novembre. — Nous arrivons à Pise à 11 h. 3o du soir. Nous sommes descendus à l'hôtel Nettuno (Neptune), à deux pas des rives de l'Arno, que nous retrouvons et qui, comme à Florence, traverse la ville.

Quel calme dans cette cité, autrefois si mouvementée, aujourd'hui, suintant l'ennui, par les auvents qui surplombent les maisons de ses rues désertes.

Toutes les parties attirantes de la ville sont réunies sur un point :

Le *Dôme*, le *Baptistère*, le *Campo santo* et la fameuse tour.

Ces quatre monuments se touchent ou peu s'en faut, ce qui explique qu'une demi journée nous a suffi pour les visiter.

Cet ensemble d'édifices en marbre est fort imposant.

Le dôme (la cathédrale), en style toscan, possède 5 nefs de près de 100 mètres de long.

On y remarque des vitraux en talc, donnant bien l'illusion du verre, et un Mars païen, transformé en St-Ephèse, chrétien.

Le Baptistère mesure 30 m. 50 de diamètre.

Le Campo Santo, le plus beau du monde d'après les de Goncourt, le seul où nous ayons dû payer 1 franc d'entrée, n'a rien du champ de repos.

C'est une construction de 126 mètres de long sur 52 de large et 15 de haut, ayant des galeries intérieures dont les murs sont recouverts de magnifiques fresques, quelques-unes fort endommagées par le temps.

Ces peintures sont en partie dues au célèbre peintre florentin Bennozo Gozzoli.

Tout le long de ces galeries se trouvent des tombeaux en marbre très décoratifs et des sarcophages romains aux faces sculptées.

Ces monuments étant situés un peu hors la ville, oh est tout surpris de traverser une prairie pour se rendre de l'un à l'autre.

Nous terminons par l'ascension de la tour penchée, également tout en marbre.

On accède à la plate-forme par un escalier qui suit l'inclinaison de la tour, si bien que par moment, on dirait que l'on va tomber, le corps suivant cette pente, tantôt en avant, tantôt en arrière, tantôt de côté. On titube absolument; c'est très cocasse, cette montée.

On prétend que le haut de la tour est dans l'axe; seule la partie inférieure, jusqu'au tiers environ, a fortement dévié à la suite de son affaissement.

Lorsqu'on s'est aperçu du tassement qui s'était produit d'un côté, on a reconsolidé la tour en sous-œuvre et l'on a continué son édification en reprenant la perpendiculaire.

Du haut de ce campanile on a une jolie vue sur les environs de Pise.

On voit la mer au loin.

Nous entrons chez quelques statuaires, en nous rendant à l'église *S-Stephano ai Cavalieri* qui se trouve sur la *plazza dei Cavalieri*.

L'Eglise contient de nombreux drapeaux conquis par les Pisans à la bataille de Lépante.

A côté de l'église on voit le palais des Cavaliers ; au centre de la place, une statue du grand duc Cosme.

Près de cette place s'élevait la Tour de la Faim, où l'archevêque *Roger degli Ubaldini* laissa mourir de faim en 1228, sous prétexte de trahison, le comte Ugolin avec ses fils et ses neveux, comme le raconte le Dante dans le trente-troisième chant de son Enfer.

Passant sur l'autre rive de l'Arno, nous allons admirer la petite église, une chapelle plutôt, *Sta-Maria della Spina*, joyau de style gothique français, où l'on montre une parcelle de la couroune d'épines du Christ (!)

GENES

GÊNES

Après déjeuner nous reprenons le train à 2 h. 25, pour arriver à Gênes à 6 h. 30.

A partir de La Spezzia la ligne forme des méandres en longeant la côte sinueuse ; ce n'est plus qu'une succession de tunnels creusés dans les falaises.

Ils offrent, quand on les a franchis, des échappées à gauche sur la méditerrannée ; à droite, sur des vergers d'orangers qui s'étendent au pied des Apennins.

Une de ces échappées nous permet d'assister à un coucher de soleil comme on en voit à la mer.

Le fond du ciel gris foncé est strié de raies fantastiques aux reflets de cinabre d'un effet majestueux. Au fur et à mesure que le disque de feu s'enfonce dans ce flamboiement de l'horizon, ses rayons forment une irradiation qui monte vers le ciel dans une fulgurante projection.

Nous arrivons à Gênes à la nuit. Installation à l'hôtel Métropole ; dîner et promenade de reconnaissance en ville.

..

Mardi 29 Novembre. — Il fait froid ce matin, j'ai l'onglée. La ville construite en amphithéâtre possède un port, en forme d'hémicycle, de 6 kilomètres de tour.

Les voies sont larges, bien éclairées ; les maisons énormes, possèdent cinq, six et sept étages, et sont presque toutes séparées entre elles par des rues étroites, mais qui permettent à ces vastes immeubles de prendre air et jour sur leurs quatre faces.

Au point de vue de l'hygiène, c'est là une particularité qui mérite d'être signalée.

De beaux quais, des parcs verdoyants, des monuments nombreux, des palais plus nombreux encore font de Gênes, une des belles villes du nord de l'Italie et qui mérite son titre de « Superbe ».

Nous visitons la cathédrale *S. Lorenzo* et *S. Ambroglio.*

Ces églises (la dernière appartient à l'ordre des Jésuites) sont certainement intéressantes, mais nous avons été tellement gâtés que nous commençons à les examiner d'un air presque indifférent.

Dans l'une d'elles, nous remarquons des loges de côté pour la municipalité et pour l'archevêque.

Notre principal objectif était le cimetière dont on nous avait si souvent vanté les merveilles.

Malgré la rigueur de la température nous prenons une voiture découverte et... en route pour le Campo Santo.

Ce cimetière, le plus beau du monde entier, est situé hors ville, dans la vallée du *Bisagno,* nom que porte la rivière qui coule au bas du versant sur lequel a été bâtie la nécropole génoise.

Des arcades, des galeries qui forment un rectangle ; voilà pour l'aspect général. Il y aurait beaucoup à dire sur la convenance de pareilles créations qui parlent plus à l'œil qu'à l'âme.

A cette tendance à faire ressortir leur caractère artistique, les italiens sacrifient tout, même le culte des morts, le sentiment de l'au-delà, que ces sortes de musées, en lesquels on transforme les champs de repos, sont loin d'évoquer en vous.

Entre beaucoup, nous citerons, comme goût contestable, le tombeau de la famille R. qui montre le père, mort sur son lit, entouré de sa femme et de six enfants donnant les signes d'un grand chagrin.

Une pareille exposition de douleur, en d'autres pays, ferait crier à l'ostentation.

Un autre monument funéraire de la famille P., fournit, au père et au fils, l'occasion de se faire sculpter en grandeur naturelle, debout devant la porte du tombeau, toujours dans une pose académique d'affliction profonde ; à droite et à gauche de la porte, le père et le fils sont de plus sculptés dans des médaillons ; au milieu de l'entablement au-dessus de la porte, le portrait de la mère défunte.

Mais, le fait étant admis, nous devons reconnaître que la profanation italienne est grandiose.

Si le groupement et le choix des personnages ne procèdent pas toujours d'une conception heureuse, nous avouons que l'exécution et la hardiesse du travail sont de pures manifestations de l'art statuaire.

Certains motifs formant chapelle ou sujets allégoriques sont irréprochables ; les meilleurs sculpteurs en renom de l'Italie ont ciselé le carrare avec une maëstria digne de leurs ancêtres.

Souvent, dans les choses graves, on trouve un côté comique ; cette dernière note est fournie par une boulangère ambulante de Gênes, qui, ayant réussi à amasser un petit pécule dans son commerce, imagina de faire sculpter sa statue de son vivant.

Elle se fit représenter en grandeur naturelle, dans son accoutrement de commerçante et tenant à la main du pain en couronnes, ainsi qu'un chapelet de noisettes qu'elle débitait également. Le tout en marbre blanc.

Elle choisit au cimetière l'endroit du caveau, sa dernière demeure, et y fit dresser la statue sur un piédestal.

De temps en temps, elle ordonnait des messes de mort auxquelles elle assistait, ainsi que des amis qu'elle conviait à la cérémonie.

Après l'office, elle les réunissait tous en un banquet.

Un jour, après une de ces agapes originales la boulangère fit lever la pierre de son caveau et y descendit.

Quelques mois après on l'y déposa pour toujours.

Sur le piédestal de sa statue, la macabre marchande de pain fit graver elle même son épitaphe racontant en quelques vers la source de sa fortune.

Les vers contiennent entre autres ces phrases :

> . . . . . . *Ceci a été élevé à ma mémoire,*
> . . . . *si cela vous plaît...*
> *Vous qui passez, priez pour moi.*

Nous sortîmes du Cimetière émerveillés, mais nullement émus.

A notre déjeuner nous mangeons du *Stracchino di Milano* (fromage au safran) ; l'après-midi nous nous mettons en route pour d'autres excursions.

Nous sommes conduits à *Sta Maria in Carignano*, église qui domine la ville et d'où l'on voit très bien la topographie de Gênes.

D'un côté, la plaine azurée de la mer de Ligurie ; de l'autre les derniers ressauts des Alpes.

Nous parcourons ensuite la ville et visitons le parc de l'*Acquasola*, celui de la *Villetta di Negro*, la promenade de Circonvallation ; nous passons devant l'immense hôpital dont la création est due à la famille Galliera, et devant l'albergo *dei poveri*, hospice pouvant recevoir 1300 personnes.

Nous visitons aussi le Palais Doria où demeurent en ce moment Verdi et sa famille.

Charles-Quint, François Ier, Napoléon Ier, et, en 1859, Bazaine, ont habité ce Palais.

Nous entrons à l'église de l'*Annunziata* richement décorée de marbres et d'ors.

Enfin, nous allons finir notre journée à l'Exposition, dont la fermeture est proche, et qui a été organisée à l'occasion du quatrième centenaire de Christophe Colomb.

Cette exposition ne présente rien de bien particulier, si ce n'est un œuf colossal, tout blanc, dans lequel est établi un restaurant à plusieurs étages.

C'est le clou de la partie fantaisiste.

Après une promenade dans différentes galeries presque désertes, nous dînons à l'Eldorado, dans le jardin de l'Exposition, où, après notre repas, nous sommes gratifiés d'un concert.

Comme il n'y fait pas très chaud, nous n'y restons pas longtemps.

Mercredi 30 Novembre. — Toute la matinée est employée à visiter la villa de la marquise de Pallavicini.

Elle est située à Pegli, bourgade à quelques kilomètres de Gênes, très fréquentée l'été par les baigneurs.

Cette villa possède un parc privé qui fait l'admiration de tous les touristes.

La marquise, à partir de onze heures, en permet l'entrée aux étrangers qu'un jardinier accompagne, car la visite dure près d'une heure et demie et il faudrait le fil d'Ariane pour retrouver son chemin dans les nombreuses allées et contre-allées qui sillonnent le parc.

Ce jardin, construit sur le versant d'une montagne, a coûté, nous dit-on, quarante millions. quatre cents personnes y ont travaillé pendant plusieurs années et c'est Marie-Thérèse, la mère de Victor-Emmanuel qui, la première, l'inaugura en 1847.

Rien dans nos zones septentrionales ne peut donner une idée de cette flore luxuriante dont la beauté le dispute à la rareté.

Latanias, palmiers du Brésil et à dattes, Chamœrops, Aloès, Dracénas, figuiers de Barbarie, bambous, néfliers du Japon aux bouquets odorants, Lauriers-camphre, Lauriers-roses, poivriers, Araucas du Brésil, Pins parasols, Cèdres, Pins de Savoie, toutes ces essences en partie exotiques, poussent là avec une vigueur, une force que leur envieraient bien des sujets en pays d'origine.

Nous longeons des massifs de camélias et de rhododendrons arborescents.

Les arbousiers pullulent ; sous un feuillage vert sont piqués leurs fruits savoureux et leurs grappes de fleurs blanches.

Le sol est jonché de ces baies qui ressemblent à de grosses perles de corail.

Autorisé par notre guide, je me régale d'arbouses que je trouve exquises.

Quelques aloès montrent un bouquet au sommet de leur tige d'une élégante gracilité, ce bouquet en s'épanouissant tue la plante ; c'est le propre de ces agaves qui meurent et sèchent après l'éclosion de leur fleur.

La marquise défend que l'on cueille des fleurs ; toutes celles qui ne lui sont pas destinées jonchent le sol de leurs pétales flétris.

Le parc est agrémenté d'une foule de curiosités : Pavillons dans les styles pompéien, turc, chinois ; château-fort, grottes confectionnées de main d'homme, avec des stalactites amenées de Corse et de Sicile.

Un lac aux ondes tranquilles passe sous les grottes, très étendues et qu'on dirait naturelles.

On fait une promenade en barque, dans l'intérieur de la grotte et l'on débouche sur un côté de ce lac, où se dresse un petit temple.

Il y a encore un autre pavillon, un pont et une escarpolette, desquels, on reçoit une fine douche d'eau froide au moment où l'on s'y attend le moins. On nous fit voir la manœuvre de ces surprises aquatiques pratiquées seulement l'été, alors qu'elles peuvent passer pour de bonnes plaisanteries auprès des gens ayant un caractère accommodant.

Les points de vue sur la montagne, sur la ville de Gênes et la mer, sont fort beaux.

Dans une allée, nous passons devant le buste de l'architecte du parc ; son fils épousa une des filles de Garibaldi.

Ce jardin est rêvé ; il vous charme autant qu'il vous étonne ; une armée de jardiniers l'entretient journellement.

Nous inscrivons notre nom sur un registre et nous rentrons ravis de cette excursion, qui nous laisse une impression profonde.

Après le déjeuner, nous allons au palais Rossa, un des plus visités de la ville, et pour cause.

Quantité de toiles de maîtres ; nous nous extasions devant un saint Sébastien, de *Guido Reni,* d'une expression incomparable : on en a refusé 300.000 francs.

Après cela, nous allons voir le Palais-Royal, — Il y en a dans toutes les villes principales de l'Italie. — On nous en montre jusqu'aux détails les plus intimes : le W. C. de la reine, et sa baignoire.

Nous finissons la journée par une promenade en ville ; nous achetons des photographies.

Le soir, nous arpentons les galeries Mazzini, fort belles quoiqu'elles n'aient rien de comparable à celles de Naples ni surtout à celles de Milan.

Les rues de Gênes sont en grande partie dallées et sans trottoirs.

Les gens d'ici nous semblent moins obséquieux que ceux de l'Italie méridionale, moins souples et moins « collants ». Leur caractère nous paraît plus indépendant aussi.

Nous partons demain à 9 h. 35.

MENTON

MENTON

Jeudi 1ᵉʳ Décembre. — Notre voyage jusqu'à Nice n'est plus qu'une apothéose dont la nature fait tous les frais.

C'est un enchantement constant; les massifs de palmiers, les orangers, les citronniers charment l'œil, au milieu de ce paysage entièrement vert.

Ce n'est plus l'Italie, ce n'est plus la France, mais une oasis délicieuse, bien faite pour le nonchaloir et la rêverie.

Hélas ! les jours nous sont comptés. Nous roulons sur Menton; la température estivale dont nous jouissons ajoute encore aux charmes sylvestres qui nous enveloppent.

Voici *Savone*, d'où le mot « savon » tire son origine.

A *Albenga*, nous assistons à un merveilleux tableau : toutes les saisons sont devant nous. La neige, dans le lointain, couvre le sommet des Alpes ; à nos pieds, la verdure, les fleurs et les fruits.

La mer roule près de nous ses flots, comme Sisyphe roulait son rocher ; son écume blanche qui déferle sur le sable humide met une frange d'argent à sa tunique bleue.

San Remo, où séjourna l'empereur allemand, Frédéric III, apparaît avec ses ravissantes, villas souriant au chaud soleil qui les inonde.

Ospedaletti, *Bordighera*, et nous atteignons Vintimille, la douane internationale.

Les préposés à l'examen des bagages sont très coulants et nous passons facilement quelques objets d'art (souvenirs de notre voyage).

Arrivés à *trois heures moins le quart*, nous repartons à *deux heures*.

Le changement de méridien est cause de cette anomalie.

Nous arrivons enfin à Menton.

Nous venons de traverser ce que l'on désigne sous le nom de « petite Afrique ».

Il est certain que l'illusion serait complète, si au lieu de personnes vêtues à l'européenne on y rencontrait des Mozabites vendant des babouches, ou des Arabes offrant des pastilles du sérail.

Nous rejoignons ici, moi, ma chère mère ; mes amis, leur bonne maman Beeli qui était venue à notre rencontre, désirant, elle aussi, faire le voyage de la Corniche, projet dès longtemps caressé et enfin exécuté.

Nous fumes doublement joyeux, d'abord de nous être réunis d'une façon si heureuse, ensuite de nous retrouver sur la terre française, au milieu d'un paysage aussi riant.

La journée se passa en conversations où les récits prirent la plus large place, et en promenades à pied et en voiture aux points extrêmes de la station.

Le soir avait lieu l'inauguration du casino, nous y allâmes passer un moment.

La saison commençant à peine, on installe un peu partout, on repeint dans l'attente du touriste qui vient demander à la mer ses effluves iodés-salins, à la température, ses brises tièdes et ensoleillées. Toutes les stations du littoral sont exposées au sud. Le soleil décrit, dans sa course journalière, un arc dont l'horizon liquide serait la corde ; si bien que lorsque l'état du ciel le permet, il brille du matin au soir et dispense sa chaleur réconfortante sur cette contrée bienheureuse.

5**

Du côté du nord, toutes les villes du littoral sont protégées par les contre-forts des Alpes.

J'admire les allées de poivriers dont le feuillage élégant retombe à la façon du saule. Cet arbrisseau sarmenteux porte, avec ses grains d'un rouge pâle, des grappes de fleurs jaunes qui tranchent sur le fond vert de ses rameaux.

Vendredi 2 Décembre. — Promenade au bord de la mer.

Quelques familles de pêcheurs s'échinent à tirer une senne par ses deux bouts sur la plage.

J'assiste à l'opération; une fois le filet amené sur les galets, j'aperçois à travers les mailles, des milliers de petites sardines au ventre argenté qui grouillent et sautillent.

Je m'amuse à les regarder et j'en achète pour quelques sous; rien n'est délicat comme la chair de ces poissons; je m'en régale à déjeuner.

MONTE-CARLO

MONTE-CARLO

A midi 48 m., nous prenons le train pour Monte-Carlo, où nous arrivons à 1 heure : douze minutes de trajet.

La gare est bien laide pour une aussi adorable station ; nous prenons l'ascenseur qui nous transporte à deux pas du Casino. Là encore, le coup d'œil est féerique ; c'est beau à vous faire pleurer de joie : c'est la vive impression que j'ai ressentie.

Nous allons d'abord visiter Monaco, reliée à Monte-Carlo par la promenade de la Condamine, qui est toute bordée de lauriers-roses arborescents et qui contourne le port d'Hercule.

Monaco, fièrement campée sur un promontoire, semble défier les éléments.

Les rues de la ville sont étroites, mais propres ; le peuple monégasque, pour avoir une histoire, est heureux comme les peuples qui n'en ont point.

Le Prince est paternel, ses « sujets » ne paient pas

d'impôts et vivent dans une quiétude absolue. C'est plutôt une grande famille qu'un peuple ; il faut avoir des répondants de moralité et de probité commerciales pour pouvoir être admis à séjourner dans la principauté, les faillites y sont inconnues, de même que les mendiants indigènes.

Nous arrivons sur la place où se trouve le palais du Prince que nous visitons en détail, ainsi que le jardin et la chapelle.

Le Prince, qui respecte, sans l'approuver, le contrat passé par son père avec l'administration des jeux, consacre l'allocation annuelle à des améliorations de toutes sortes. Il ne veut rien garder de cet argent qu'il purifie en l'appliquant à de bonnes œuvres.

Nous revenons à Monte-Carlo ; après les formalités d'usage, nous pénétrons dans le Casino.

Ce casino-palais est construit sur un rocher s'avançant dans la mer. Il contient des salles de jeux, de théâtre, etc., etc.; l'intérieur, décoré de fresques, de peintures et d'or, est d'une insultante richesse.

Quand on songe aux prédestinés de l'infortune qui viennent y chercher la ruine, le désespoir et la mort ! Que de sang a éclaboussé ces murs tout ruisselants de lumière !

Et dire que l'on ne peut rester dans les salles de jeux que tête nue! Ah! si c'est en mémoire des victimes que fait chaque année la redoutable passion, on peut comprendre cette pudeur.

Autrement, comment expliquer cette mesure qui est un outrage gratuit aux choses respectables, à la hauteur desquelles on prétend élever le jeu.

Nous allons entendre le concert dans la salle de spectacle.

Et puis nous rentrons dans les salons de jeu où... nous jouons.

— Vous aussi? mais alors!...

Oh! rassurez-vous!

Nous avons fait un pacte avec le diable, soit, mais très anodin.

Nous avions décidé, depuis le commencement de notre voyage, que nous sacrifierions un louis par tête, ni plus, ni moins.

Nous avons tenu parole, ni plus, ni moins, et les louis, après des chances successives et diverses ont été... sacrifiés. C'était une fantaisie qui ne reposait sur aucune idée de martingale, ni sur aucune passion à satisfaire.

Nous souhaitons que nos maigres louis se trouvent

parmi ceux qui seront remis au Prince pour ses bonnes œuvres.

Monte-Carlo est une petite ville toute moderne; son développement remonte à une vingtaine d'années à peine, mais il a été tel depuis, que bientôt il forcera la ceinture de la principauté et s'épanchera sur le territoire français que l'on voit bien près, du reste.

Le soir, le Casino et ses alentours... étincellent de mille feux... comme il est chanté dans *Haydée*.

Nous rentrons à Menton à 9 h. 45.

NICE

NICE

Samedi 3 décembre. — A 8 heures précises, par un temps un peu incertain, mais qui est resté sans pluie, nous partons en landau, avec armes et bagages, pour Nice.

Ce trajet s'appelle « la route de la Corniche par la Turbie » c'est-à-dire par la montagne, car une autre route passe au pied.

La route par le haut présente plus de pittoresque ; on a à la fois la vue qu'offrent les deux parcours.

Cette partie de la Provence, composée de monts divers, est formée de plusieurs escarpements des Alpes-Maritimes qui viennent mourir dans la Méditerranée.

Les flancs de ces monts sont couverts d'oliviers, de chênes-verts et de chênes-lièges.

Nous arrivons, en montant constamment, à Roquebrune, d'où l'on aperçoit le cap Martin, entièrement recouvert d'une forêt de pins.

Il y a là, presque à l'extrémité de la pointe, un vaste

hôtel que le prince de Galles habita l'année dernière ; un peu à l'ouest, on aperçoit une villa construite par l'ex-impératrice Eugénie qui y fait des séjours prolongés.

La Turbie est le point culminant de la route ; on stoppe devant un café-restaurant ; non loin de là se trouve une vue sur la principauté de Monaco.

La mer — du cobalt en fusion — s'étend, calme devant nous. A l'est et à l'ouest, la côte, échancrée, se profile en s'estompant graduellement.

Avant de remonter en voiture, nous prenons une légère collation arrosée d'un verre de vin d'Asti mousseux, fort agréable, ma foi !

Nous descendons. Voici Beaulieu ; plus loin, Villefranche et sa rade protectrice ; à l'ouest, en face de Cannes, les îles Sainte-Marguerite et le fort du même nom, célèbres par la détention du Masque de Fer et de Bazaine. Les montagnes de l'Esterel apparaissent peu après ; à un détour, la vallée du Paillon, Nice et la baie des Anges.

Vers midi, nous arrivons à l'hôtel des Étrangers.

L'après-midi est employée à établir nos points de repère. La ville est jolie, mais elle ne nous laisse pas l'impression que nous croyions y trouver ; malgré cela, le séjour doit y être fort agréable, à la condition que le mistral ne soit pas de la partie.

Le soir, nous allons voir jouer les *Huguenots* au Grand-Théâtre; Cossira se fait tour à tour siffler et applaudir, Boyer interprète avec beaucoup d'art un rôle qui n'est pas de son genre. La falcon, Mme F. A... est quelconque; en somme, représentation houleuse.

.∴.

Dimanche 4 Décembre. — Le mistral souffle désagréablement, il contribuera à gâter le souvenir que nous aurions voulu garder de Nice.

Nous devions une visite au marché aux fleurs ; le cours Saleya où il se tient est à deux pas de l'hôtel.

C'est charmant au possible, cette installation primitive où les marchandes venues des environs, de bon matin, vendent des bottelées de roses, de résédas, de narcisses, d'œillets de toutes couleurs, comme dans nos pays septentrionaux, elles débitent les carottes et les salsifis.

Les achats effectués, vous confiez votre moisson parfumée à un emballeur dont c'est la spécialité, et, vers midi, le « train des fleurs » transporte dans toutes les directions les gracieux colis à leur destination.

Il est peu d'étrangers qui ne s'offrent le plaisir de se

rappeler si gentiment à la pensée d'une personne absente.

Après avoir passé deux heures en compagnie d'amis de nos amis, nous parcourons une autre partie de la ville — l'Est — ce qui nous mène au Château ; celui-ci n'existe plus, le plateau où il s'élevait ayant été transformé en une charmante promenade située à 97 mètres de hauteur.

La vue de ce point est belle ; mais nous n'y pûmes rester longtemps, car le mistral qui soufflait violemment nous renvoyait de la poussière d'eau d'une chute qui se trouve sur le point le plus élevé : la position n'était pas tenable.

La promenade des Anglais vers laquelle nous nous dirigeons en traversant la vieille-ville, après avoir longé le port, est déserte ; le vent nous prend en flanc fort irrévérencieusement ; la mer est courroucée, ce qui la rend plus belle ; les vagues aux arêtes d'argent décrivent leurs gracieuses volutes et viennent, avec fracas, expirer sur la jetée.

Nice est réputée pour ses fruits glacés ; les magasins offrent aux baigneurs d'alléchantes vitrines où fleurs et fruits sollicitent l'odorat et le palais.

Nous entrons un instant à la jetée-promenade, sorte de casino bâti sur pilotis en pleine baie.

MARSEILLE

MARSEILLE

Lundi 5 Décembre. — A 8 h. 10, nous repartons, toujours escortés du mistral, dans la direction de Marseille.

Cannes. — De toutes les stations de ce paradis terrestre, c'est Cannes que nous préférons ; la végétation nous a paru plus luxuriante encore que partout ailleurs.

Nous parcourons la ville en voiture découverte, surtout la partie appelée « Californie » où sont les plus belles villas et les plus splendides parcs. C'est ici la patrie du mimosa ; les gigantesques plantes qui produisent cette fleur si agréable à l'œil, aux senteurs discrètes et douces, sont très nombreuses.

Nous passons devant la chapelle élevée à la mémoire du malheureux duc d'Albany ; voici le chalet du duc de Mecklembourg ; la villa Saint-Jean, du comte de Paris ; la villa d'un Rothschild ; le nouveau casino des fleurs, récemment inauguré.

6*

Nous déjeunons bien à l'hôtel de l'Univers; un garçon, un sosie de Jules Ferry, nous sert.

A 2 h. o5, nous reprenons le train.

En route, nous voyons l'escadre de la Méditerranée composée de onze navires de guerre, sortie du golfe Juan et se dirigeant vers Toulon.

6 h. 10 : Marseille; nous décidons de rester à l'Hôtel-Terminus dépendant de la gare Saint-Charles, par laquelle nous arrivons. Nous visitons un peu la ville, malgré le vent qui nous cingle la figure.

Etant attablés dans un restaurant, près de la Bourse, nous sommes tout à coup privés de lumière.

A la faveur de cette obscurité, qui dure près de dix minutes, on se divertit un peu, car l'embarras des garçons est grand, comme on le pense.

Mardi 6 Décembre. — Le temps s'est décidément mis au froid ; il a gelé la nuit dernière.

N'ayant qu'une journée à consacrer à la vieille Phocée, une voiture est tout indiquée ; le mistral souffle toujours, violent et glacial.

Nous visitons le côté ouest de la ville : la Bourse, le vieux port et le nouveau, le bassin de la Joliette, la

Cathédrale, de style byzantin, non complètement achevée.

Nous passons devant la Canebière, et nous nous dirigeons vers l'est par le chemin de la Corniche ; nous passons en longeant la mer, très agitée, au milieu des *Cabanons*. Ces résidences d'été des Marseillais s'étagent, les unes à gauche sur les falaises, les autres à droite, avec leur toit au soleil et leurs fondations baignées par les flots mourants de la grande jatte d'azur.

Une halte ; nous sommes au restaurant de la Réserve, chez Roubion, maître-ès-bouillabaisse, et nous voulons en goûter de l'authentique.

Repas spécial dont ce mets, plus spécial encore, contribue à accentuer l'originalité.

La légende raconte que la bouillabaisse fut inventée par Mars et Vénus, afin de détourner Vulcain, le mari de la blonde déesse, de ses devoirs conjugaux.

Le dieu du feu en raffolait tellement qu'après en avoir mangé plus qu'à sa faim, il était pris d'un profond sommeil pendant lequel Mars et Vénus le « safranaient ».

A ce déjeuner, selon la tradition de la maison, nous mangeâmes des clovisses et des moules crues.

Nous allons au parc Borely et revenons en ville par la promenade du Prado. Nous voyons, en passant, la Préfecture qui vaut d'être citée.

Au moyen du funiculaire, nous montons à Notre-Dame de la Garde, lieu de pèlerinage bâti sur un des points les plus élevés de la ville. Indépendamment de l'église-chapelle assez curieuse, des plates-formes qui l'entourent, on a de superbes panoramas sur le golfe du Lion et sur les montagnes de la Provence.

Nous revenons à la Canebière.

Si cette voie est toujours en vogue, il n'en est plus de même des cafés dont les Marseillais étaient si fiers et qui sont restés ce qu'ils étaient il y a trente et quarante ans ; or, depuis, le luxe a pris une si large place dans la décoration des cafés surtout, que la réputation de ceux de la Canebière a un peu pâli. C'est déjà légèrement « vieux jeu ».

Nous allons voir le Palais de Longchamps ; l'installation des marchandes de fleurs dans leur espèce de chaire, en pleine place publique, est très originale.

En somme, Marseille est une grande et belle ville sous réserve du mistral.

Dans la soirée, les voyageurs qui, quelques jours auparavant, avaient éprouvé tant de bonheur à se rejoindre se dispersent dans différentes directions, mais non sans se dire : Au revoir !

Le lendemain matin, j'arrivais à Bordeaux, à 8 h. 10.

. . . .

« Voilà bien les voyages, a dit le poëte : partir et
« arriver. Toujours à la recherche de l'inconnu sans
« jamais cesser de vivre de souvenirs.

« Quels charmes infinis ! »

TABLE

TYPOGRAPHIE

EDMOND MONNOYER

LE MANS (Sarthe)

www.ingramcontent.com/pod-product-compliance
Ingram Content Group UK Ltd.
Pitfield, Milton Keynes, MK11 3LW, UK
UKHW022214120726
13694UKWH00002B/539